Gustavo Arango

Retratos

Ediciones *El Pozo*
Oneonta, New York

Primera edición, Secretaría de Educación y Cultura Distrital de Cartagena, 1996.
Segunda edición. *El Pozo,* marzo de 2017.
Dibujo de portada: Héctor Rojas Herazo.

Ediciones El Pozo
37 Fairview Street, apt 4
Oneonta, New York
13820. USA

ISBN: 978-09861812-4-5

Printed in U.S.A.

CONTENIDO

"Curiosidad, Míster Decker.
Insaciable curiosidad".

Míster Spock. *Viaje a las estrellas.*

EL AFÁN DE LLEGAR

I. Todo puede pasar

Ahí estaba. Había llegado. Sentado en una cafetería del aeropuerto La Guardia, de Nueva York, tomando uno de los dos cafés que bebería durante su incierta espera, sintió como si despertara de un largo sueño y como si al despertar el sueño continuara.

Estaba en "la ciudad del diablo amarillo", como la llamo Gorki, y sus cansados sentidos no podían considerar la idea de creerlo. Durante veintidós días había hecho un viaje que bien podía llamar una odisea. Veintidós días de peligros y caminos tortuosos. Veintidós largos días arriesgando la vida, burlando autoridades, caminando en las noches lluviosas o estrelladas de una Centroamérica vista en una forma extraña.

El viaje que iba a durar sólo una semana se había prolongado casi un mes y, poco a poco, lo había ido despojando de todo, de un pequeño equipaje, de sus últimos vestigios de inocencia, de su última ignorancia de la vida.

Al final, después del avión que casi se cae, después de patrullas policiales y ríos caudalosos, tal vez en medio de una de esas eternas noches caminando, cargando un bebe de siete meses que llora desconsolado, o tirándose a rastrojos oscuros para esconderse de un carro que con sus luces anuncia que se acerca, tal vez durante la tormenta cruzando la represa, o en el momento de aprenderse el nombre que le permitía pasar la última barrera, o tal vez en ese mismo instante, esperando en vano a su familia en el aeropuerto, las fuerzas lo abandonaron por completo y el viaje lo continuo una extraña obsesión de persistir, un afán de llegar, sin saber muy bien que haría después que llegara.

Ahí. En ese muelle de aeropuerto infinito, tratando infructuosamente de marcar un teléfono –porque la vocecita grabada daba las instrucciones en inglés–, sintiendo el insuficiente alivio de hablar con el aseador del restaurante –un hispano que lo tranquilizó y le dijo que se sentara a esperar porque si él salía a buscarlos tal vez nunca se encontraran–, temiendo que cada persona que lo miraba era un agente de inmigración, transcurrieron tres largas horas durante las que Roberto Ramírez se dejó alcanzar por su cansancio, por su tristeza y por un miedo que lo hacía temblar al tomar cada sorbo de café frío.

"¿Y si me cogen?", pensaba. "¿Pasar por esa odisea para que me cojan cuando llegué?, la vida no puede ser tan absurda".

Y las posibilidades de que lo "cogieran" aumentaban con el paso de las horas. Y más personas se fijaban en él, en su aspecto de recién llegado que no se decide a abandonar el aeropuerto. Y el miedo nubló la mirada de Roberto.

II. En la Unidad Médica

Más de cien personas vio morir en el hospital para ancianos, al norte de Nueva York. Durante dos años trabajó en ese lugar.

Poco después de su accidentado viaje, Roberto había obtenido un primer trabajo sin tener los documentos. Debía hacerles mantenimiento a los apartamentos que administraba una agencia de arrendamientos. Conoció la nieve paleándola y muriéndose de frío.

Más tarde resultó el empleo en la ciudadela de ancianos. Era un trabajo suave. Las horas transcurrían descansadas aseando los doce cuartos a su cargo en la Unidad Médica.

La ciudadela era un enorme edificio en una zona semicampestre, 80 millas al norte de Nueva York. En los pisos superiores había 250 apartamentos. Cada apartamento tenía sala, comedor y dos alcobas.

Allí llegaban cansados, arrugados y generalmente enojados, los hombres y mujeres que habían sido los dueños de un país que empezaba a quedar en otras manos.

Los ancianos vivían amplios y cómodos, solos o en parejas, cuidadosamente atendidos por un numeroso personal. Hasta que la muerte empezaba a llamarlos a gritos y se debilitaban y llegaban, tratando de ser optimistas, a su último peldaño, a la Unidad Médica: de donde pocos salían, donde un descansado Roberto Ramírez seguía aprendiendo de la vida.

"El primer obstáculo que uno se encuentra es el idioma, pero a medida que se va relacionando uno adquiere ciertos conocimientos que le permiten desenvolverse.

"Debía barrer los cuartos de los pensionados, trapear, poner todo en orden. Era un trabajo realmente descansado. La remuneración, comparada con lo que uno podría ganarse en Colombia equivalía, para ese momento, a igualar el sueldo de un gerente de banco con el sueldo de un aseador de inodoros".

"Entré devengando 280 dólares a la semana, pero si trabajaba festivos o tiempo extra ("Overtime"), podía tener

350, 400 dólares semanales, lo que equivalía aproximadamente a un millón de pesos al mes.

"A algunos de los ancianos los traté más tiempo que a otros. Unos entraban y duraban ocho o quince días, otros podían durar un año.

"Durante el período que estuve puede decirse que todo el personal se renovó más de una vez. En la Unidad Médica había 59 piezas, pero generalmente se mantenía copada. Allí tenían una sala de recreación, aunque a la mayoría los movían las enfermeras en sillas de ruedas.

"Yo charlaba con todos ellos. A pesar del poco inglés que hablaba, ellos me entendían. Les llevé fotografías de Colombia y les hablé de mi país.

"Muchas veces me preguntaron: 'Do you like this country?, y yo les respondía: 'Sí, pero quiero más al mejor país del mundo'.

"Y ellos entendían y llegaron a convencerse, los que más tiempo estuvieron en comunicación conmigo, de que yo añoraba regresar a mi país".

III. El guía

Todo empezó en Colombia. Roberto Ramírez había sido profesor del Sena en Medellín y en un momento de su vida tuvo un futuro brillante.

Luego, inconstante y rebelde, había errado de puesto en puesto, se había aventurado en muchas partes, llevado solamente por el afán de vivir.

Estuvo ilegal en Venezuela, trabajó de topógrafo en Cerromatoso, fue profesor de la escuela pública de un pueblito llamado Puerto Rico, en el Caquetá, donde a la gente la mataban por las hojas de los árboles. Vivió un tiempo en Zaragoza, caminaba entre las ruinas ostentosas que dejaron las colonias que llegaron con las fiebres de un metal.

Su misma inconstancia había enseñado a su familia a aprender a subsistir sin esperar. Su esposa y una de sus dos hijas habían sido las primeras en armarse de valor y conseguir, pagando por ellas, las visas para viajar. Ahora él las extrañaba.

Agotó el primer recurso que fue ir a la embajada en Bogotá: "pero allá sólo le dan la visa al que tiene plata, al que puede ir a gastarla".

Averiguó con los tramitadores de los alrededores de la Embajada y le cobraban un precio muy alto por una posibilidad incierta.

Quedaba sólo un recurso, el del famoso hueco, un hueco que en realidad son un montón de huecos.

Preguntando en la calle dio fácilmente con una agencia de viajes por el hueco. Le ofrecieron un cómodo y seguro plan que sólo tardaría una semana para llevarlo a la meta y que iba pagando a medida que avanzaba. El plan tenía una garantía adicional: si por alguna razón lo devolvían, la empresa se comprometía a volverlo a mandar sin cobrarle un sobreprecio.

"Va a ser como si lo llevaran de la manito", mentía tranquilizador el primero de la cadena.

Primero debía viajar a San Andrés. Llegaba allí con su propio pasaporte y una visa para ingresar a Guatemala.

Al llegar a San Andrés buscó a la persona que desde Colombia le habían dicho que buscara. Estaba en un hotel. Era un hombre de Cali, llamado Vladimir.

Roberto se sentó en una cafetería con Vladimir y empezaron a hablar generalidades: de la isla, del clima, de las últimas noticias. Por fin, las preguntas de ambos empezaron a ser más curiosas, cada uno quería que el otro le dijera cuanto antes el paso que seguía.

de nuestro país y encontrarse con todas las vivencias de las clases media y baja de las ciudades latinoamericanas: el desorden, la suciedad, la inseguridad, el afán de lucro, la intolerancia, la lucha de supervivencia, que no ponen límites morales ni religiosos. Es una amalgama donde se lucha por la supervivencia: así es Guatemala.

"En Guatemala, como en Medellín, como en Bogotá, como en Cartagena, como en todas partes, se encuentra el mercado negro de dólares. La oferta de llevarlo al otro país existe igual que en Colombia; salvo que, por estar más cerca de la frontera, es más evidente: '¿Lo pasamos?, ¿pa' dónde va? ¿Va para México? A la cuadra del palacio de Gobierno prolifera la prostitución, el mercado negro de la moneda, la droga, los atracos.

"Al día siguiente llegó Gabriel al hotel, un tipo joven con pinta de ejecutivo en un carro último modelo. Nos llevó a su casa en un barrio residencial de Guatemala y nos alojó aproximadamente tres días.

"En su casa había un ama de llaves que nos atendía en lo que necesitáramos. Teníamos servicio de teléfono para llamar a Colombia. Todas las comodidades.

Uno de los cuartos de la casa llamó la atención de Roberto. Estaba repleto de maletas. Una noche, hablando con Gabriel mientras tomaban unos tragos, le preguntó por qué había tantas maletas.

"Gabriel (un exrepresentante de ventas que había cambiado su profesión por la de "coyote" o "pollero" y al parecer triunfaba) le contó que muchos de los que se decidían a pasar por el hueco llegaban hasta allí cargados de maletas. Pero cuando comprendían, o les hacían comprender, que en adelante tendrían que seguir a pie durante varias noches, entendían que resultaba imposible llevar el equipaje, que corrían el riesgo de dejarlo tirado en cualquier parte.

Gabriel los tranquilizaba y les decía que después podían volver a buscarlo si lo dejaban en esa casa. También debían dejar allí, o enviarlos a sus ciudades de origen, todos sus documentos. En adelante serían ilegales, no tendrían ni identidad, ni nacionalidad; si alguien preguntaba debían decir que eran salvadoreños. Más tarde fueron mexicanos.

Gabriel lo llevó al cuarto con las maletas. Le habló de las esperanzas que empiezan a resignarse al dejar esas bolsas en las que aún hay vestigios de hogar. Le hizo ver el lujo de algunas de ellas, la modesta humildad de las otras.

Se alejó diciéndole que las abriera, que escogiera dentro de ellas lo que necesitara.

Roberto tomó unas toallas.

VII. El desequilibrio

"Si aquí abrieran las puertas para que saliera con libertad todo el que quisiera abandonar el país, no por abandonar el país, sino por la necesidad, más de la mitad de Colombia estaría afuera. Tenga la absoluta seguridad.

"Para mí, ser ilegal no representó un conflicto personal. Conflicto, sí, frente a otras autoridades y frente a un sistema, es lógico.

"Siendo ilegal, el que delinquía no era yo. Para ese Estado yo era un delincuente, pero para mí era delincuente mi Estado que me obligaba a escudarme allá. No hablo de patria, hablo de sistema, hablo de Gobierno.

"La patria es el abrigo del alma. Está hecho de recuerdos, de vivencias, de sueños, de ilusiones, de legado de hogar, de calor, de cariño, de cosas que se van perdiendo a medida que el medio las ahoga.

"De una cosa me pude dar cuenta allá, de que cuando llega una persona joven se adapta más fácil al nivel de vida y olvida su país, algunos hasta reniegan de él.

"Pensaba que tal vez era consecuencia de las mismas injusticias que se vivían aquí y que si uno, de una edad avanzada, entiende pero no acepta, los jóvenes ni entienden ni aceptan que haya ese desequilibrio, que es quizá una de las razones que explican la violencia en el país y la indiferencia por el sentido de patria de los que se van".

VIII. My Baby

Nadie visitaba a Mrs. Smith. Tenía ciento un años y un cáncer en la nariz.

A pesar de que no estaba en uno de los cuartos que Roberto debía limpiar, él entraba siempre a saludarla.

Durante los dos años, nunca vio que la visitaran. Fuera de las enfermeras que estaban obligadas a atenderla o del médico, cuando las cosas se agravaban, solo él se acercaba hasta su cama.

Le gustaba estrechar la manito pequeñita y arrugada de esa anciana que sentía revivir con la descarga de energía que él le daba.

Cada vez que él entraba a su cuarto, la anciana señora Smith encontraba una razón para vivir. Levantaba una mano temblorosa y la pasaba por su pelo mientras decía "My baby" y sus breves ojos grises se mojaban como nieve pisoteada.

Las veces que olvidó entrar a saludarla y siguió de largo por el pasillo, pudo escuchar su grito centenario, su llamado de niño abandonado:

–Míster... Míster... –salía a perseguirlo la vocecita de Mrs. Smith.

–Señor...Señor... –gritaba en un mal español.

–Monsieur... Monsieur... –ensayaba como último recurso, para luego sentir que volvía a la vida al ver que Roberto atendía el llamado y entraba sonriendo por la puerta de su cuarto.

IX. "El Paso del Diablo"

Cincuenta metros de agua enfurecida los separaban de México. Era la noche de un miércoles. Habían salido de Mesillas a las seis y media de la tarde, tras mucho insistirle al guía, que se negaba a partir porque la lluvia no amainaba.

"Mesillas era un caserío como los pueblos de frontera de aquí, como Puerto Santander o como Acandí.

"De la casa de Gabriel en Guatemala salimos un domingo a las seis de la mañana por una carretera destapada. Viajamos de ocho de la mañana a seis de la tarde en bus intermunicipal.

"En el camino se veían pueblitos indígenas, con el mercado normal de un domingo. En cada uno de ellos el bus hacía estación".

Allí empezaron a sentir que el viaje no era expreso. Empezaron a entender que tendrían que estirar más y más la paciencia, cada vez que el bus se detenía en la plaza de un nuevo pueblo y se acercaban vendedores y se apagaba el motor.

"El camino estaba lleno de maizales a lado y lado. El pueblo que más maíz produce tal vez es Guatemala".

Al salir de la casa de Gabriel, el grupo de Vladimir y Roberto había aumentado. Ahora viajaban con ellos una mujer llamada Margarita con su hijo, Diego, como de doce años, una señora con una niña de siete meses, un hombre llamado Javier y un muchacho de Buenaventura, llamado Omar.

"En ese viaje nos acompañó un coyote guatemalteco, joven, como de 28 años, que tenía pinta de indígena. Conocía todo el trayecto y, cerca de la frontera, donde había un retén, se bajó, pagó algo al comandante de la guardia y seguimos. Al llegar a Mesillas nos metieron en una casona en las afueras, en la salida hacia la frontera.

"Allí había otro coyote, se llamaba Crispín. Era un hombre como de 55 años, respetable y muy callado. Él debía llevarnos al primer pueblo mejicano.

"En la casa del coyote teníamos la alimentación y todos los servicios, pero, eso sí, no podíamos salir al pueblo, a pesar de que la Policía de Inmigración iba a conversar con los coyotes y a cobrar la cuota por el paso. Los policías entraban la patrulla hasta el rancho y nos contaban para saber exactamente cuánto tenían que pagarles.

"Ahí permanecimos como cuatro días, porque estábamos esperando otro grupo de ilegales que debía pasar con nosotros y, además, porque el invierno, que estaba en toda la verraquera, no permitía que arrancáramos. Había que cruzar un río y se necesitaba buen tiempo para pasar a pie sin peligro.

"Cuando estábamos en Mesillas, como a los tres días, apareció Gabriel a darnos las últimas instrucciones".

Antes de regresar a Guatemala, al día siguiente, Gabriel se despidió de Roberto. Le dijo: "no llegue a un hotel malo, o de dos o una estrella. Llegue a un hotel de cuatro o cinco estrellas. Váyase en México para el Holyday Inn, para el Hilton o el Costabrava, que es donde no hay batidas".

Gabriel se quedó con sus documentos. Luego, cuando llegara, Roberto lo llamaría para decirle a qué dirección debía enviárselos.

Ese mismo día por la tarde la gente empezaba a impacientarse. El grupo había aumentado ahora a once. Allí mismo se les habían sumado varios jóvenes, entre ellos unos de Itagüí que habían sido devueltos de México a Guatemala, y los coyotes cumplían con el compromiso de volver a intentar pasarlos.

A pesar de que no dejaba de llover, entre todos obligaron al guía a llevarlos hasta el cruce del río. Hasta ese momento el viaje se había prolongado más de lo previsto y, por lo que hablaban los que ya conocían el trayecto que seguía, aún faltaba la parte más difícil: un largo recorrido de varios días de camino que llamaban el "Paso del Diablo".

Al salir de Mesillas le pidieron a Crispín que llevara cuerdas para atravesar el río. Caminaron cuatro horas bajo la lluvia. A pesar de que la policía guatemalteca de la frontera sabía que ellos intentarían pasar, el recorrido debía hacerse de noche para que los policías pudieran justificar su descuido en caso de ser descubiertos.

Al llegar frente al rugido del agua en la oscuridad, el guía trató de devolverse. Pero ellos lo obligaron a continuar.

Omar, un negro fuerte y grande de Buenaventura, pasó el río nadando y ató la cuerda al otro lado. Uno a uno fueron cruzando ese torrente que trataba de arrastrarlos.

Además de la cuerda amarrada por Omar, cada uno era atado a otra cuerda por la cintura, y sostenido por los demás desde la orilla. En caso de soltarse de la primera cuerda, antes de morir quedaba la esperanza de la segunda cuerda.

Al final, del lado de Guatemala sólo quedaban Roberto, el coyote y la bebé de siete meses, cuya madre ya había pasado. Omar volvió desde la otra orilla, les pidió que le ataran a la niña a la espalda y se metió al agua.

Iluminando con linternas era posible ver la lucha de Omar con el río. Con angustia que parecía durar horas, veían que el agua los cubría y pasaba por sobre ellos como por sobre rocas. Más de una vez llegaron a pensar que la niña había muerto ahogada.

Luego pasó Roberto.

Tal vez allí, barrido por las aguas furiosas de un río perdido de Centroamérica –que quizá vio distraído en algún mapa cuando niño, sin saber que tendría que cruzarlo–, sintió la desolada convicción de que el hombre está solo, cruzando siempre un río caudaloso, aferrado a una cuerda, alentado simplemente por una extraña obsesión de persistir, un afán de llegar, sin saber muy bien qué hará después de haber llegado.

El último fue el guía. Lo pensó mucho, antes de arrojarse al agua. Vio a los "mojados" en la otra orilla, pensó que aún no había recibido ningún dinero por pasarlos. Los imaginó perdidos y a oscuras si se decidían a seguir sin él. Se preguntó por qué tanta obstinación en esos colombianos, por qué tanta premura por abandonar su tierra y, luego de un suspiro, se metió al agua, y la corriente lo hizo soltarse de la primera cuerda, y otra cuerda, tirada por la esperanza, lo fue pasando despacio, poco a poco, lo trajo de río abajo, venció la fuerza del agua y lo llevó al otro lado.

X. Míster Tigre

Le costaba trabajo recordar su nombre. Para él era sólo Míster Tigre.

Juntando noticias entre el personal de la Unidad Médica, logró saber que se trataba de un pintor eminente que había enseñado muchos años en la Universidad de Yale.

Su rostro era huraño y amargo.

Cuando Roberto llegaba a arreglar su cuarto, lo recibía con un gruñido.

A veces, cuando se distraía barriendo o trapeando, era regresado a la realidad por ese ruido lleno de rencor, por esa mirada diabólica, por esas manos grandes y crispadas como garras.

Míster Tigre odiaba a los negros, a los judíos y a los hispanos. No toleraba que una enfermera negra lo atendiera. Se defendía a las patadas.

Todos los días, incluso los domingos, recibía la visita de su hijo. Cucharada a cucharada, él mismo le daba el almuerzo. Era un hombre amable, también era profesor. Sólo en los momentos de visita de su hijo era posible ver en el rostro de Míster Tigre alguna huella de humanidad.

Al verlo, Roberto pensaba que así habría sido Hitler cuando viejito.

Su única oportunidad para vengarse era en la sala de recreo. Roberto veía a Míster Tigre dormido sobre su silla de ruedas, se acercaba, conectaba lo más cercano posible la ruidosa brilladora de pisos, y Míster Tigre se despertaba, gruñía y escupía sin saliva su desgracia.

XI. Las luces de los carros

"Ese río estaba muy hijueputa de crecido. Eran por ahí unos cincuenta metros. El último que pasó, más por compromiso económico que por solidaridad, fue el guía. Hubo que amarrarlo, él mismo se amarró y, sin embargo, el agua lo arrastró como veinte o treinta metros. Podíamos dejarlo ir, pero no nos convenía que se ahogara.

"En media hora, más o menos, reanudamos la marcha; ya con el guía recuperado. Por momentos, nos ordenaba lanzarnos al suelo, cuando sospechaba la presencia de alguien. Aproximadamente a la una de la mañana llegamos a las afueras de un pueblo, El Carmen, donde esperaba un camión. Ya estábamos en territorio mexicano.

"Yo iba con el guía y tal vez porque éramos de la misma edad, me dijo 'pase usted primero'. Uno a uno, fuimos corriendo desde los árboles, como una cuadra, para subir al camión. Había pocas casas cerca. Era la entrada o la salida, según se fuera o se viniera.

"Una vez estuvimos todos juntos se bajó la carpa del camión y arrancamos, atravesamos el pueblo. A la salida, o a la entrada, según se va o se viene, Crispín se bajó en el retén policial. Habló con la guardia, pagó lo convenido, se quedó ahí con los policías y nosotros seguimos en el camión".

Más adelante, en plena carretera, los hicieron bajar. El camión tomó el camino de regreso. Quedaron en medio de una carretera desolada, con enormes maizales a lado y lado, bajo la lluvia que no cesaba. Al marcharse, los hombres del camión les dieron instrucciones de esconderse entre las matas si veían a lo lejos las luces de algún carro.

Así lo hicieron cuando volvió el camión con otros "mojados" para proseguir el viaje.

No habían recorrido mucho, cuando una patrulla policial los alcanzó. Los policías habían sido informados de que los coyotes querían pasar, a escondidas, personas por las que no habían pagado. Largos minutos duró la discusión, hubo insultos y amenazas. Al final, los coyotes debieron pagar una multa, ayudados por los viajeros.

Días después supieron que al soplón lo habían matado en Tuxtla.

Más adelante, el viaje en camión había terminado. Sabían que durante varias noches caminarían, pero no tenían idea de lo que eso significaba.

XII. Un límite de tiempo

"No sería capaz de definir la vida. Creo que es subsistir, permanecer. En términos filosóficos, ¿qué es la vida? Yo diría que es la permanencia dentro de un límite de tiempo.

"Es necesario luchar por ella. Esa permanencia para el ser humano implica un esfuerzo por sostenerse. Hay que luchar, es la ley de la supervivencia. Permanece quien lucha, perece quien se entrega".

XIII. Ya viene la noche

A partir de ese momento viajaron a pie. La carretera era el punto de orientación. Caminaban separados varios metros entre sí para que algunos pudieran huir en caso de que los capturaran. Los más recelosos y desconfiados eran los tres hombres que habían sido devueltos a Guatemala desde México.

Durante la noche, a un ritmo de marcha que parecía un trote, se turnaron para llevar a la niña de brazos. Cada uno la cargaba más o menos media hora. Varias veces, escondidos entre maizales, estuvieron a punto de ser delatados por su ya afónico llanto.

Como a las seis de la mañana llegaron a un rancho camuflado en una hacienda.

Durmieron durante el día. De alimento los coyotes les dieron sardinas y gaseosas. A las siete de la noche reemprendieron el viaje. Caminaron toda la noche. Durante el trayecto debieron abandonar la línea de la carretera y caminar por el monte porque había un retén militar. A las cinco estaban en Zaragoza. Se hospedaron en un rancho en las afueras del pueblo.

Allí durmieron ese día y se quedaron hasta la noche siguiente. Las mujeres venían muy cansadas y era preferible quedarse en el rancho a verse obligados a suspender la marcha en pleno camino.

A la noche siguiente partieron. Dos coyotes los llevaron cruzando montañas, bajo una intensa lluvia, hasta una represa. En un humilde rancho esperaron un momento, mientras les acondicionaban una lancha.

XIV. Míster Black

Al empezar a trabajar le habían advertido que tuviera cuidado con los líquidos que utilizaba. La advertencia había sido hecha en una forma tan oficial que no había entendido muy bien porque se la hacían. Supuso que era parte de la minuciosidad de los gringos.

Un día, cuando terminaba su jornada, llegó al cuarto donde guardaba sus elementos. Le sorprendió ver allí, de espaldas a la puerta, a míster Blank, un hombre que siempre vivía triste y malhumorado.

Lo vio tomar una de las botellas de desinfectante. Lo vio destaparla. Tardó un instante en comprender lo que pasaba, pero alcanzó a llegar a tiempo para impedir que tomara.

Míster Blank lo miró con tristeza. No le dijo nada. Se volvió con el rostro agachado y salió caminando despacio, con un balanceo de viejo muñeco al que ya las pilas se le están gastando.

XV. Caminar

Caminar. Dar un paso primero y después dar otro, y otro y otro. Dar miles de pasos dejando al cansancio rezagado. Caminar. Estar atento al otro que camina unos metros adelante, no perderlo de vista, fijar la mirada en esa espalda mojada y seguirla.

Seguir. Vencer los obstáculos. Llegar. Es eso lo único que queda. Seguir. Sin permitirse más tiempo para pensar, para sentir miedo o nostalgia. Seguir impulsados solamente por el afán de llegar.

Proteger a la niña. Evitar que se moje. Cantarle en voz baja para hacerle menos duro el primer camino duro de su vida.

Pensar en esa gente. En un grupo de seres distintos unidos por un objetivo. Personas fugadas, mujeres abandonadas, tal vez uno que otro sicario, algunos pensando en llegar a conseguir pronto dinero a cualquier costo, otros deseando trabajar con honradez, todos viajando, unidos en esas largas caminatas, en los largos silencios de los días en los ranchos, en la lluvia y los relámpagos, en la niña que duerme llevada por un hombre que les pide a sus pies que continúen caminando.

XVI. De la "chamba"

Al cruzar la represa arreció la tempestad. Un fuerte oleaje sacudía la chalupa de diez metros de largo. Algunos empezaron a temer que caerían al agua.

"Creo que ahí fue cuando el amigo Javier se arrepintió de haberse metido en esa travesía. Era el que más manifestaba su temor. Gritaba, pedía continuamente al que estaba dirigiendo la barca que se orillara. Estaba prácticamente histérico".

A raíz de eso le pusieron un apodo: "Aquaman". Así lo llamaron hasta el final. A Roberto le decían "el abuelo".

Tardaron tres horas cruzando la represa. Llegaron a Rizos de Oro después de caminar dos horas más. Se hospedaron en una casa de la calle principal. Allí pudieron lavar su ropa, comer, ver televisión y descansar. La única recomendación que les hacían era no salir a la calle.

En Rizos de Oro les tocó ver la fiesta de la Independencia de México, la celebración del grito de Morelos, el 16 de septiembre. Roberto y sus compañeros vieron los desfiles por entre los estacones que cercaban el patio de la casa.

Ese día en la noche reanudaron la marcha. Esta vez los acomodaron en la parte trasera de una camioneta. En el espacio donde irían cuatro personas, viajaron 17. "Íbamos como cigarrillos y además tapados con una lona, corriendo el riesgo de asfixiarnos.

"Teníamos que levantar un poquito la lona para poder respirar. Saliendo de Rizos de Oro a las ocho de la noche, llegamos a Tuxtla Gutiérrez a las 4 y media de la mañana".

En el camino los detuvo una patrulla policial. Un muchacho sacó la cabeza por encima de la lona y con acento mejicano les dijo que venían de "la chamba". Los policías los dejaron seguir pronto, andaban detrás de una banda de un carro blanco que había hecho un asalto.

"Tuxtla es una ciudad como Sincelejo. Llegamos a las afueras, a una casa donde, por lo que pude analizar, llegaba más de un coyote con su gente. Todas las piezas estaban copadas, no en camas, sino colchones tirados en el suelo. Tuvimos que dormir en los corredores traseros, sobre cartones. Recuerdo que Vladimir se acostó al lado mío y al apoyar la cabeza ya estaba dormido. Todos caímos como dopados. A ninguno de nosotros le importó la lluvia que nos mojaba. Esa sí fue una dormida triste".

XVII. Los obstáculos

"¿Miedo? No. En el viaje corría un riesgo y sabía lo que podía pasar. Estaba consciente de que, máximo, me podían detener y regresar.

"Nunca vi a nadie rezando. Ni siquiera a la mujer que llevaba a la niña. Tal vez la gente no se acuerda de esas vainas por la misma tensión. Solo importa el objetivo que se fija, ese objetivo está libre de cualquier influencia externa.

"En el camino pensé en escribir la historia, desde cuando salí. En el momento en que llegué, lo primero que hice fue tratar de recuperar y construir las imágenes de lo que había vivido; no como un instrumento para explotarlo luego, sino como una tradición para dejársela a las generaciones que me van a seguir, con el fin de que ellos se den cuenta de que nada es gratuito, que por fácil que parezca una cuestión es necesario encontrar y vencer los obstáculos que se puedan presentar.

"No creo en los caminos limpios de obstáculos, hay que irlos enfrentando y salvando.

"Para mí, sólo puede encontrar un camino limpio y libre el que no aspira a luchar, y el que no aspira a luchar es al que arrastran, al que lo llevan.

"Yo creo que por eso es que los herederos del poder en este país nunca entienden a su pueblo, porque el pueblo necesita abrirse el camino, y los herederos del poder encuentran los caminos abiertos".

XVIII. Roberto

En Tuxtla salieron en grupos de tres o cuatro a hospedarse en hoteles. De allí partieron al día siguiente para el aeropuerto, pero el vuelo fue cancelado por el mal tiempo y debieron quedarse un día más.

"Allí surgió la necesidad de ocultar a los negros que viajaban con nosotros, Omar y otro joven, porque en México casi no hay negros. Cuando viajamos por la ciudad debían acostarse en el piso del taxi. Al llegar al aeropuerto sabíamos que las autoridades iban a detenerlos para simular que hacían un control, pero ya habían recibido dinero por dejarlos pasar".

El vuelo a ciudad de México duro casi dos horas. Al salir del aeropuerto Roberto tomó un taxi, recordó los consejos de Gabriel en Guatemala y pidió que lo llevaran al hotel Costabrava. Cuando se estaba registrando vio llegar a Javier. Le había pedido a otro taxi que lo siguiera. A partir de ese momento nunca se le separó. Se aferró con fe ciega a Roberto, sabía que siguiéndole tenía más oportunidades de llegar.

Desde el hotel debían ponerse en contacto con otro coyote al que llamaban "El Enano", quien les llevó al hotel unas hojas con el escudo, la bandera y el himno de México.

"Nos hizo aprender tres estrofas y el significado de los símbolos patrios: el águila y la serpiente en el escudo son la unión de la tierra con el aire dentro de la tradición azteca. Nos explicó todo eso para que, en caso de que nos detuviera la policía, afirmáramos que éramos mexicanos, mientras nos gestionaban los documentos".

Al día siguiente "El Enano" llevó a Roberto a Cicodito, un pueblo al norte de Ciudad de México. Allí, en las mismas oficinas gubernamentales, le expidieron documentos oficiales como motorista. Allí recibió el nombre de Roberto.

XIX. La pluma de Míster Parker

Era gruesa, brillante y su punta dorada era como el pico de un alcatraz.

Las pocas veces que conversaron, Míster Parker lo trató amablemente. En los pasillos o la sala de recreo lo saludaba. Cada vez que lo veía sonreía.

Era evidente que su soledad lo obligaba a ser amable.

Una tarde, conversando con Roberto, sacó de su bolsillo la hermosa estilográfica que hacían en su fábrica, destapó su pico de ave y le pidió a Roberto una hoja de papel.

Con mano temblorosa, tratando de recordar la forma de las letras, Míster Parker escribió una breve nota en el papel.

Luego se lo entregó a Roberto y le dijo: "For my daughter. If you don't like to work here, you have a job in my business".

Murió al día siguiente. Roberto tenía todavía en un bolsillo del uniforme su recomendación.

XX. No olvides tu nombre

–¿What´s your name?

–Rebeca.

–No, señora, su nombre es María.

–My name is Rebeca.

–Ahora su nombre es María.

–¿Por qué?

–Porque ese es el nombre que figura en su pasaporte.

–Llevo setenta y siete años llamándome Rebeca.

–Ahora se llama María. No se preocupe, sólo es mientras pasa, después puede volver a llamarse Rebeca.

–My name is Rebeca.

Roberto escuchaba divertido la conversación entre la viejita con su esposo y el último coyote mexicano.

Tres horas antes había llegado a Tijuana desde México en bus. El viaje había durado 48 horas continuas a través de veloces autopistas. Habían atravesado medio país. Una sola vez en el camino los detuvieron, pero Roberto y sus compañeros presentaron documentos mexicanos. Se bajaron en Mexicali, un pueblo anterior, no en el propio Tijuana, donde la vigilancia era mayor.

Al llegar a la casa les tomaron una foto con una Polaroid. Unas horas más tardes los coyotes regresaban con pasaportes legales de pobladores de Tijuana que tenían permiso para entrar a trabajar por horas al otro país.

Algunos pasaportes eran más fáciles que otros. Se trataba de encontrar a alguien con fisonomía y edades similares a las del que viajaba.

Fue fácil encontrar un doble de Roberto. Un hombre, alto, delgado, de rostro aguileño, bigote y llegando a los cincuenta.

Al ver el pasaporte Roberto se sorprendió. "Ese hijueputa era tan parecido a mí, que yo creí que era yo".

Tardó poco en aprenderse el nombre. Viajaban cada uno en un carro, acompañados sólo por un chofer. Al llegar a la frontera debían decirle al guardia que iban al primer pueblo a mercar, y decir el nombre del pasaporte si se lo preguntaban. Era domingo, ese día miles de mexicanos pasan al otro país a hacer las compras.

Al salir escuchó que seguían preparando a la anciana para el paso.

– ¿Your name?
– Rebeca.
–¡Your name is María!

XXI. Mrs. Lovell

Mrs. Lovell tenía siete hijos adoptivos. Eran de distintas nacionalidades. A los noventa y dos años leía sin gafas y manejaba ella misma sus cuentas bancarias.

Frente a su cama, la pared estaba llena de fotos. Allí estaban sus hijos adoptivos y sus nietos. En otras de las fotos en la pared, una joven y bonita Mrs. Lovell descendía de jets privados envuelta en abrigos de pieles o sonreía desde asoleadas cubiertas de cruceros.

Sólo una hija la visitaba, "la Chinesse", y ni a ella le permitía comerse las frutas que guardaba para "Míster Roberto".

Si Roberto dejaba de ir a su cuarto durante varios días, al volver encontraba las frutas acumuladas, las manzanas y los bananos, los duraznos y las fresas que una amable Mrs. Lovell le guardaba con el cariño que se tiene por un hijo adoptado.

XXII. Izquierda y derecha

Luego del paso de la frontera, el más sencillo de todo el viaje, Roberto y sus compañeros se reunieron en una casa en San Diego.

Allí los coyotes habían retenido a una mujer que no tenía para pagar la última parte de su viaje. Poco después, en Santa Ana, supieron que la mujer pudo seguir su viaje porque el padre de la niña de siete meses, que fue a recibir a su esposa y a su hija, pagó lo que faltaba.

En la casa de San Diego les hicieron cambiar de ropa y ponerse unos trajes con los que serían identificados en la estación del tren en Santa Ana.

Aquí las cosas eran a otro precio. Aquí las autoridades no aceptaban sobornos y simplemente encarcelaban y deportaban. Ahora más que nunca era necesario pasar desapercibidos, confundirse con la masa fluyente de seres diversos.

Las instrucciones eran claras. Tomar el tren para Santa Ana, bajarse en la tercera estación, tomar por el pasillo de la izquierda y luego voltear a la derecha, donde alguien haría señas.

En el tren viajaron en vagones separados. Casi ni miraron el paisaje. Estaban obsedidos por llegar. La ansiedad tenía sus nervios a punto de reventar.

Se bajaron como autómatas. Caminaron por el pasillo indicado. Roberto iba adelante, le seguían Javier y la mujer con el hijo de doce años. De un carro de una tapicería les hicieron señales. Roberto pensó que ese hombre que lo llamaba y le sonreía bien podía ser un agente de inmigración que los pescaba.

Pero como no tenía alternativa, se acercó al carro. Lo hicieron subir junto con los otros a la parte cubierta de la furgoneta.

Cinco minutos esperaron a Vladimir.

Roberto sintió que nunca más volvería a saber de su amigo de viaje.

El coyote de Santa Ana no podía esperar más tiempo. Cinco minutos y no más, "el que se quedó se quedó".

Y se quedó Vladimir. Algo en su recorrido falló, alguna instrucción olvidó.

Roberto supo que se quedaría sin conocer el destino que corrió. Siempre nos estamos despidiendo sin saberlo.

XXIII. El llanto de Mrs. Jorman

"Con la que mejor la iba era con Mrs. Jorman. Esa señora era una ancianita como de 89 años y era muy amable conmigo.

"Le gustaba que charlara con ella cuando entraba a su cuarto. Hablábamos mucho. Siempre que nos veíamos conversábamos, del clima, del mundo, de nosotros.

"Yo le llevé un paisaje de Colombia y lo tenía enmarcado. Era un paisaje de Cartagena".

Era un atardecer entre rosa y naranjado, con un coche llevado por un hombre que se había volcado hacia adelante para no quedar por fuera de la foto, cubierto por el tronco de una de las palmeras. Era un extraño atardecer repleto de palmeras, de reflejos en asfaltos y de soles cabalgando sobre coches.

Cuando Roberto dijo que se marchaba, que el llamado de su tierra lo agobiaba, que se regresaba porque se regresaba, Mrs. Jorman lo miró un largo rato en silencio.

Las ganas de charlar se habían marchitado.

Un temblor empezó a sacudir levemente su cuerpo cansado y al momento sus ojos se rompieron como grandes ventanales.

Y lloró. Lloró desconsolada. Lloró como se llora cuando no hay más esperanzas, como un niño al que le quitan la alegría, como un ser al que la vida le han robado, como un sueño abandonado.

Lloró y se quejó, pero no hizo reproches. Sólo le decía que sabía que nunca más lo vería.

Y hasta la muerte lo estuvo recordando cuando miraba al jinete que se iba con el sol sobre su coche.

XXIV. Un cielo de otoño

Ahí estaba. Como alguien a quien le llega el momento de la muerte sin saber por qué ha luchado.

Allí, cuando lo tenía todo y no tenía nada, empezó a sentir el frío delgado del otoño atravesándole el vestido.

Y sintió también miedo y cansancio y soledad.

Y hasta ganas de llorar.

Y, mirando el fondo frío de su taza, pensaba.

Pensaba en el temor. En la tardanza. Miraba el transcurrir en oleadas de la cafetería. Pasajeros llegando, personas matando su tiempo en espera del momento de abordar.

Pensó en la llamada que les hizo de San Diego, anunciándoles el vuelo en que llegaba. Pensó en la presurosa despedida, cuando cada uno se marchó en un avión distinto, el de Houston, el de New York o el de Chicago.

Miraba con creciente desconsuelo ese teléfono que no sabía usar. El aseador que hablaba español se había marchado hacía rato. Más de tres horas llevaba esperando.

Algo le impedía pensar en los últimos sucesos. Sentía que hasta no superar este último trance no tendría la tranquilidad para enfrentar el recuerdo.

Pensó en ese grupo de personas con quienes viajó, un grupo de seres disimiles unidos en lo adverso por el único y común deseo de llegar.

Pensó en su vida. Pasó por encima de todos sus años.

Recordó con nostalgia a su abuelo, ese hombre al que nunca olvidaba. Recordó que él también era abuelo, que en Colombia se había quedado su único nieto.

Recordó aquella frase de Gorki.

Pensaba en el regreso, cualquiera que éste fuera, cuando un hombre se acercó hasta su mesa, le preguntó su nombre y le pidió que lo siguiera.

Su familia lo estaba esperando afuera. No habían entrado hasta el muelle porque también eran ilegales. Confundieron el nombre de la aerolínea con otro parecido y lo habían ido a esperar al lugar equivocado. Tres horas habían tardado en encontrarlo.

Roberto sentía un enojo sin fuerzas que ya no tenía sentido.

Subieron a un auto, se besaron y hablaron.

Y tomaron por una autopista muy amplia llevando a un Roberto Ramírez exhausto, dormido despierto, observando los cambios que el tiempo produjo a los suyos, recordando retazos de viaje, preguntándose cuándo sería el regreso, y viendo la gran autopista, un cielo de otoño y carros que corren veloces, que pasan fugaces.

Suplemento *Dominical. El Universal*
Enero 31 de 1993

Carlos Valderrama[1]

EL ASTRO REY

1

Tal vez la clave de todo esté en ese sol de Santa Marta a las seis de la tarde. En ese sol, en esa arena y en ese mar. Tal vez la explicación de la grandeza de ese hombre se encuentre en lo eterno y mineral. Tal vez sea la mezcla de esa brisa pesada y caliente que llega del mar y esa leve frescura que baja de la Sierra.

De los pliegues de la Sierra Nevada de Santa Marta, ese lugar privilegiado que aglutina en poco espacio todos los pisos térmicos de la tierra, ha salido la gloria de un grupo de personas que con el tiempo se ha llamado Colombia.

En ese sitio nacieron las mariposas amarillas que fueron hasta Estocolmo. Allí se sostuvieron los altivos Arhuacos y Tayronas, viendo caer el mundo. Allí nació el Pibe

---

[1] El 5 de septiembre de 1993, el fútbol colombiano obtuvo el triunfo más importante de su historia, al vencer en Buenos Aires a la selección Argentina, por cinco goles a cero, durante las eliminatorias para el Mundial de Fútbol de Estados Unidos. Esta entrevista, realizada en colaboración con Víctor Sánchez Rincones, fue la primera concedida en Colombia por Carlos Valderrama después de ese triunfo.

Valderrama, ese ser liviano como un suspiro que ha hecho que los llantos y los gritos de millones sean de felicidad.

A las seis de la tarde, frente a un sol que despide rayos rojos, blancos y amarillos, que se extienden como pelo ensortijado, un periodista piensa cómo contar eso que tiene que contar. Cómo transmitir la sensación de ese momento y llevar a mucha gente las palabras de su ídolo.

Piensa en el sol, en ese dibujo grande en el firmamento. Piensa en la arena, donde de niño el Pibe cazaba pájaros y les pedía monedas a los turistas. Piensa en el mar, en esa agua serena y silenciosa de la que un día sábado saldría Valderrama con su sello inconfundible, como recién salido de una pila bautismal.

* * *

"Yo antes usaba afro", la voz del Pibe casi todos la conocen, viene desde muy dentro, tiene ritmo tranquilo. "Un afro hay que cuidarlo; se toma uno su tiempo queriendo redondearlo.

"Un sábado había un baile. Ese día yo me fui para la playa y llegué tarde a mi casa. Cuando salí del agua se me hicieron unos gajitos y me los dejé. Esa noche en la fiesta fueron la sensación. Desde entonces cambié el afro por los gajitos.

"Mi cabello me lo cuido, claro; forma parte de mi aseo personal y no hay que dar mala imagen. Pero la magia no está en el pelo, la magia es adentro. Si uno no juega bien, no le vale el pelo, no le vale nada".

* * *

Los periodistas son bichos de una especie que acosa a las estrellas para después salir a hablar. En la tarde, frente al mar, un periodista piensa que no sólo debe transmitir unas respuestas, que también debe hablar de la dificultad, de las pesadas puertas que se abren para poder llegar al Pibe Valderrama.

Piensa que debe hablar de ese taxista que les dijo, a él y a su compañero, que el Pibe no estaba en Santa Marta. Acababan de bajar del bus que los trajo de Cartagena y la expedición podía ser un fracaso.

Piensa que debe mencionar toda esa gente que les dijo que tal vez estaba en el Rodadero, o de incognito en alguno de sus apartamentos. "Él siempre cambia de caleta. Lo más seguro es que no está en su casa".

Carlos "El Pibe" Valderrama. Foto Gustavo

* * *

"¡Uff!, lo de secuestro del hijo del Chonto es impresionante". Es tal vez el momento de la charla en que más exaltado se ve. En sus palabras se mezclan la euforia del triunfo –la histórica goleada de seis días a atrás, a la selección argentina– y el dolor de lo ocurrido a mediados de la semana. "Le regalaron un mal premio a él y a un grupo que lo ha hecho todo bien.

"Los triunfos de cualquier deportista se viven así. Estábamos alegres y vino esto, vinieron los buses quemados, la guerrilla.

"La gente a veces piensa que porque uno es futbolista lo demás no le importa; pero yo le presto atención a todo eso. Aunque no conozco a las personas, yo siento eso, lo de los policías muertos, todo.

"Y uno se pregunta: ¿Por qué el mundo es así? Unos buenos, unos malos. La conclusión es que la vida es esa: todo mundo trata de solucionar su problema".

* * *

Pero la casa de sus padres en Pescadito, la casa donde él nació, es la única esperanza de encontrarlo. En la esquina, un Jaricho descamisado que habla con varios jóvenes dice que ni él, que es el padre, sabe dónde se encuentra el Pibe.

Hasta esa esquina habían llegado esa semana periodistas argentinos y alemanes para quedarse con los crespos hechos. El Pibe, al parecer, se había esfumado.

* * *

"El domingo pasado yo sabía que íbamos a clasificar. Íbamos confiados en el resultado, por el temor que tenían los argentinos.

"Sabíamos que nos iban a silbar, pero que sí jugábamos bien lo iban a reconocer.

"Las provocaciones de los argentinos no me preocuparon. A lo único a lo que le temo es a la muerte, ahí sí todo el mundo se abre a correr. Pero en ningún partido me siento asustado.

"Es mi forma de ser, soy muy tranquilo. Aunque hay momento en que se dan reacciones normales; eso pasó en el choque con Simeone.

"A mí lo que me gusta es el balón. Mi único pensamiento al salir a la cancha es el de hacer las cosas bien. Dios me mandó con eso. De pronto me invento algo –uno siempre tiene que inventar– y, con suerte, las cosas salen.

"Con el hecho de ser considerado uno de los mejores jugadores del mundo se me ha materializado un sueño muy importante. Siempre, desde niño, pensé ser futbolista. Recuerdo el Mundial de México en el 70, con Brasil. Yo quería lograr algo así.

"Me gusta el balón. Me gusta tenerlo para atacar y defender; por eso prefiero el medio de la cancha. Me gusta el balón para cuidarlo, para no perderlo, para acariciarlo".

* * *

Hablando con Jaricho en esa esquina, bajo el sol de una mañana de septiembre en Pescadito, los periodistas de Cartagena pensaron que no entrevistarían al Pibe Valderrama, pensaron en sus crespos casi hechos.

Como no era posible volver sin llevar nada, surgió la resignada alternativa de ir hasta la casa y tomar algunas fotos del álbum familiar.

Pero en la puerta abierta, la voz de una mujer que se encuentra en la cocina se interpone. La sala está vacía, al fondo hay un estante con un retrato grande de un Pibe que sonríe y más allá, entre los huecos del estante, se ve a la mujer que trabaja en la cocina. Es Juana, la mamá del Pibe, quien al saber que los que llegan son periodistas se queja, se lamenta, dice que no le dejan nada de privacidad, que se la pasan molestando, que ya está cansada de hablar.

* * *

"Uno todos los días está pasando examen".

Después del saludo inicial, el Pibe se ha tomado su tiempo para bañarse; para vestirse de blanco, azul y gris, deportivo y elegante; para cogerse el cabello con un cordel fucsia y ponerse una cachucha que repliega el rasgo mítico y nos deja con el hombre.

"Sí, la fama es orgullo y es responsabilidad. Hay que tener cuidado. Uno todos los días está pasando examen con las personas que se acercan a pedir autógrafos, con los periodistas. La gente está siempre pendiente de uno.

"Creo que el papel de la prensa es importante en todo deporte y en todo el mundo. Hay quienes ayudan constructivamente y hay quienes destruyen. El deportista debe estar mentalizado de eso.

"Lo que vive 'Fausto', sus peleas con la prensa, yo también lo viví. Él es un man tranquilo. Tiene momentos en que siente que la crítica le da duro y responde. Pero él va a madurar; todo esto le sirve de experiencia. Ahora va Italia y podrá concentrarse en otras cosas".

"Siempre han existido buenos jugadores en Colombia. Lo que pasa es que antes les daba miedo jugar; no arriesgaban se cohibían. Eso se fue dando con los partidos internacionales.

"El cambio en el fútbol colombiano se dio cuando hubo cambio de conciencia. Pacho y 'Bolillo "empezaron a confiar en los jugadores nacionales. Ya en la Copa América del 87 ganamos el 'Botín de Oro', para el goleador, con Iguarán, y a mí me dieron el "Balón de Oro' como el mejor jugador.

"Pienso que cuando a uno lo comparan con los mejores futbolistas del mundo, es bueno para el país y para uno. De pronto tienen razón, lo que pasa es que cada uno tiene su característica".

* * *

Con la reacción de la madre del Pibe las cosas se ponían graves. Ni siquiera habría fotos del álbum familiar.

De nuevo en la esquina, Jaricho les dijo a los periodistas que entendía la actitud de doña Juana. "Es que cansan mucho. Uno sabe que están haciendo su trabajo, pero el asedio es excesivo".

En esa esquina, pensando en la derrota de ese viaje, las cosas empezaron a cambiar. Como un ángel apareció Ángela, la hermana menor del Pibe, con la incalculable suerte de que había compartido sus épocas de estudio con Víctor Sánchez, uno de los periodistas. Por lo menos estaba garantizado lo de las fotos.

Los llevó hasta la casa y les puso dos sillas mecedoras muy cerca de la puerta. Les dijo que nadie sabía el lugar donde se escondía el Pibe, que ni ella lo sabía. Que era inútil insistir.

Recordó que a Víctor Sánchez le decían en el colegio 'Cabeza'e bonbombum', se entretuvo en anécdotas de estudio y trató de limar las iniciales asperezas con la madre, quien seguía trabajando silenciosa en la cocina.

Una cerveza más tarde, sentados en las sillas mecedoras, aferrados a esa casa, mirando con creciente desconsuelo los cuadros del pasillo, la hermana de Valderrama les devolvió la esperanza: 'De pronto están de buenas y el Pibe se aparece".

* * *

"Lo que se ha visto después del cinco a cero sobre Argentina, los homenajes y las celebraciones de todos estos días, es algo que no se había vivido. Pienso que nunca es tarde para recibir los homenajes.

"Ya estamos pensando en el Mundial. Seguimos un proceso que empezó en la Copa América del 87. En el Mundial habrá que superar lo que se hizo en Italia. Hay que pasar a la segunda ronda, subir y subir".

2

Cuando todo estaba oscuro, empezaron a llegar destellos de claridad.

Frente a un sol de rayos largos y ondulados, un periodista recuerda contento el momento de la mañana en que él y su compañero pensaron con angustia que no habría entrevista con el Pibe Valderrama.

Al parecer, nadie sabía dónde estaba. Ni siquiera se sabía si estaba en Santa Marta. Miles de personas tendrían que resignarse con las fotos tomadas del álbum de su casa y entrevistas con algunos familiares.

En la sala, junto a la puerta, seguía la charla con Ángela. Se hablaba de épocas de estudio y trataban de incluir a doña Juana en la conversación. La madre del Pibe se disculpó por el trato inicial que les dio a los periodistas y volvió a hablar del cansancio. Poco a poco cambió la hostilidad por amabilidad, por ternura y amistad.

* * *

"Tengo muchos recuerdos", podrían contarse con los dedos de una mano los gestos que tiene el Pibe: sonríe al recordar jugadas, permanece inexpresivo casi todo el tiempo. Pero, como sus movimientos en la cancha, sus palabras reflejan con elocuencia sus sentimientos. "Recuerdo con cariño todas las épocas. Cuando empecé como aficionado, en la Castellana. Cuando pasé al Unión y supe que se iba a realizar mi sueño de ser futbolista profesional. Cuando ganamos la Copa de Francia, con el Montpellier. La época del deportivo Cali, la Copa América en Argentina.

"Las experiencias de Europa fueron muy positivas. Los seis primeros meses fueron muy duros, pero después me acomodé.

"Luego fuimos varios colombianos a jugar con Pacho al Valladolid; pero allá las cosas con el Club no funcionaron. Allí pensé que era mejor estar uno en su casa.

"Después que uno viene de Europa no buscan la verdadera razón por la que uno regresó; dicen que uno está viejo, acabado. Sin embargo, pienso que mi mejor año en el fútbol fue el anterior con el Medellín. Lo que pasó fue que no se notó porque el equipo quedó de catorce.

"El año pasado, cono en octubre, en un clásico entre Medellín y nacional, hice el gol más importante de mi vida. Siempre quise hacerle un gol a René, que es el mejor, y lo logré. El gol fue un remate desde mitad de cancha.

"También recuerdo el gol del Mundial. Recuerdo con alegría haber tenido la suerte de jugar un Mundial".

* * *

Esperar una entrevista con el Pibe Valderrama era como querer entrar a un castillo de cuento de hadas. Cada persona interponiéndose en el camino era como un examen, como un puente levadizo o como un ser ante el que habría que decir palabras mágicas. Se ganaba o se perdía. Si se perdía, no habría entrevista.

La charla de Ángela y los periodistas se prolongaba. La hermana del Pibe les hacía preguntas sobre su oficio, sobre el viaje; seguía recordando la época de estudio.

Pasaban los minutos y ni siquiera aparecía el álbum familiar. De pronto, la hermana del Pibe les pidió un papel y le prestaron la hermosa libreta que uno de ellos compró para la ocasión.

Escribió con su leve sonrisa y les devolvió la nota: "Él está durmiendo, pero no digas nada. Vamos a hablar y recordar cosas como si nada, ¿bien?"

En ese momento los periodistas se sintieron más contentos que el día que recibieron la primera comunión.

* * *

"Mi único amigo es Jaricho. Tengo otros amigos, pero él es el mejor. Cuando tengo problemas hablo con él. Mi madre también es amiga, pero las mujeres son diferentes a los hombres. Ella se preocupa mucho, se asusta cuando me expulsan.

"En el 82, cuando me metieron preso cincuenta días por responderle a un policía una cachetada, confiaba en Dios, en mi papá y en mi familia. Ellos fueron mi apoyo y pasó el tiempo y todo se solucionó.

"Después del partido con Argentina hablé con Jaricho desde el hotel en Buenos Aires. Pudimos hablar poco, que la gente estaba celebrando, que una alegría así nunca se había visto.

"Gracias a Dios tengo amigos estables. Amigos de barrio, de estudios, con los que me crie. Uno de ellos hacía los cueritos que llevo en las muñecas. Ni los cueritos, ni los

cordones en el cuello son amuletos. Simplemente me gustan, si se revientan no me preocupo. Cuando veo a los hippies les compro, o los niños me regalan.

"También tengo amigos que he conocido recientemente. Algunos vecinos de Montpellier, con los que me escribo y hablo por teléfono. Con René no he podido hablar últimamente, pero también nos hemos escrito. Al 'Loco' uno lo conoce como persona y espero que salga adelante, que se solucione el problema que lo tiene en la cárcel; eso le duele a uno".

* * *

Y el Pibe apareció. Salió como un sol de madrigada en el fondo del pasillo.

Podrían decirse muchas cosas de ese instante, de su pelo amarillo que parece una corona, de su toalla grande y roja, de sus gestos y sus pasos, firmes y soberanos.

Después de saludar a sus sobrinos fue a la sala y saludó a los periodistas con amabilidad. Les preguntó si querían algo con él y ellos, con voz entrecortada, le dijeron que querían una entrevista.

El Pibe dijo: "¡Listo!", y les pidió permiso para ir a bañarse y arreglarse.

Vieron al sol alejarse en el pasillo. En la noche pesimista que vivían, había amanecido.

* * *

"Mi principal motivación es mi familia. Mis hijos, Alan, que tiene diez años, y Keny, que tiene cinco. A Claribet, mi esposa, la conocí aquí en Pescadito. Fue un noviazgo normal, como todo noviazgo de barrio.

"Quiero inculcarles a mis hijos que sean leales, que trabajen para el bien y que tengan personalidad en la buena y en la mala; que sean hombres sanos que sirvan al país, a la familia, a los amigos.

"Lo que le pediría a la vida es que haya salud para mi familia, y paz y bienestar para Colombia.

"Cuando pienso en la vejez, quiero que sea como la de los viejos de uno: sana y tranquila. Siempre le pido a Dios por ellos".

* * *

La alegría se extendió por esa casa. La familia del Pibe se mostró más relajada. Ahora transcurría un sábado normal. Los niños jugaban en la sala y la cocina. Ángela y María, las hermanas del Pibe, conversaban, respondían preguntas familiares.

En ese momento llego Ronald, otro hermano del Pibe, quien juega en el Unión. En casa solo faltaban Alan, que juega en Millonarios, y Clementina, la otra hermana.

Los periodistas no cabían de la dicha. Esperaban.

Ángela los miró fijamente y les dijo: "Ustedes son los únicos. Tienen que hacer algo grande".

En ese momento entró Jaricho, que venía de la esquina, y les dijo medio en broma: "¿Todavía están aquí? Ustedes lo que quieren es sopa".

Luego salió la madre de la cocina y les dijo contenta: "Al que le van a dar le guardan".

Y siguieron hablando de hijos y de nietos, de ancestros futbolistas.

* * *

"El dinero que recibo me lo gasto. Me voy preparando para cuando me vaya del fútbol. Quiero ser técnico, pero no sé cómo me pueda ir; puedo salir buen o mal técnico. Entonces, también he pensado en negocios de finca raíz.

"¿Una canción? Ahora me gusta 'Quiero llenar tu vida', de Tito Rojas.

"¿Que si me gustaría escribir mi vida? No. Escribir la vida deportiva, de pronto. La vida personal es sagrada.

"Todos los días rezo. Todos los días me persigno. Cuando tengo la oportunidad, voy a misa. Creo que lo que soy me lo ha dado Dios. Pero antes de un partido no pienso en nada. Sólo pienso en el balón.

'En ninguna parte del mundo la gente es como en Colombia. Somos cálidos, explosivos, alegres. En situaciones difíciles, siempre tratando de tirar para adelante.

"El lugar del mundo que más me ha gustado es Estocolmo, por su tranquilidad. Todo mundo quieto; una ciudad limpia, una arquitectura bonita. Cuando estuve allá pensé que los colombianos seríamos felices con esa tranquilidad.

* * *

Y ya casi de noche, viendo una niña que juega con arena junto al mar, el periodista saborea los recuerdos de ese día, los obstáculos vencidos, las puertas que al final fueron abiertas y, sobre todo, la alegría, la pausa del corazón en el momento en que el Pibe apareció.

Al verlo llegar en su recuerdo, piensa en el fútbol, en esa danza mágica del Pibe en una cancha, en esa forma simple y poética de ser que habla con cada jugada.

Piensa en las burlas, los amagues, los pases sin mirar, los tacos, las paradas del balón, la ingravidez y la plasticidad, el desconcierto triste de sus adversarios, la risa de su cara inexpresiva, el humor que hay en todas sus jugadas, la algarabía de su aspecto, ese estruendo salido de una piedra callada.

Y al recordar comprende el sentido de ese sol de rayos rojos, amarillos y hasta negros cuando viaja por el centro de una cancha, rodeado por satélites atónitos, por públicos eufóricos o tristes que son como asteroides, por planetas compañeros que brillan con su luz.

El Universal.
Septiembre 14 y 15 de 1993.

Eduardo Lemaitre

"AHORA SÓLO QUIERO VER EL MAR"

> "Mar, oh mar, en todas partes el mismo, mar que oigo y no me habla, mar que quiero y no me quiere, lazo inhumano entre los hombres diferentes".
>
> Lanza del Vasto

Cubrió su rostro con sus manos alargadas, como Adán avergonzado. Cualquiera pensaría que lloraba. En ese momento de lamento se aprecia la grandeza de su hazaña.

Está en su oficina del Museo de El Cabrero. Es una tarde de martes. El homenaje a Núñez fue hace una semana. Eduardo Lemaitre está embriagado del cansancio y cubre por completo el enigma de su rostro. Hasta el triunfo más rotundo tiene cara de derrota y se celebra con sollozos.

Sin decirlo, la entrevista sostenida a lo largo de este año ha terminado. Ha sido un gran monólogo que no ha necesitado de preguntas. Un monólogo a veces eufórico, a veces tranquilo, a veces divertido, a veces asustado, a veces juvenil y sólo ahora realmente cansado.

Ese hombre de ochenta años ha vuelto a salirse con la suya. Ha cumplido la misión de celebrarle al esposo de su tía Soledad su cumpleaños. Y refugia su rostro entre sus manos. Y parece que está llorando y está cansado.

Finalmente se descubre y tarda en acostumbrarse a mirar. Ve su oficina de fotos y cuadros moderados, ve al periodista en una de las dos sillas que están al frente de su escritorio. Intenta recordar su nombre inútilmente.

"No quiero saber de Núñez por el próximo centenario".

Al final de su frase agita los brazos y los levanta, como un hombre que se rinde.

"Cuando uno llega a los ochenta...".

Baja los brazos, suspira: "Me tienen perfectamente agobiado"

En ese momento entra la secretaria: una mujer morena, tranquila y fuerte que mira a quienes lo visitan como a enemigos potenciales y muestra estar siempre dispuesta a defenderlo.

Viene con un trabajador. Se necesita dinero para un arreglo en la Casa Museo. Ella se ofrece a pagar con el producto de la venta de un libro. Eduardo Lemaitre la reprende con una sonrisa. Le pide el dinero del libro, lo pone sobre su escritorio, busca en su billetera unos billetes obtenidos de otra forma y se los entrega al trabajador. Con gestos cariñosos le hace entender a su secretaria que el dinero de los libros es un dinero que tiene un valor especial.

Eduardo Lemaitre habla con el empleado. La secretaria aprovecha el descuido para advertirle al periodista que no es un buen día para entrevistas, que él está afónico y no es capaz ni de hablar. Que lo mejor es regresar en otra ocasión.

Finalmente, se marchan. El periodista hace ademán de despedirse, pero él lo retiene otro momento.

"*El Universal* se portó a la altura", se refiere al cubrimiento del homenaje por el centenario de la muerte de Rafael Núñez. "El titular de *El Tiempo* fue infame. Les mandé una foto del templete y no la publicaron. Esa es una noticia, pero tienen un sentido equivocado del periodismo moderno… un editorial cochino, revolviendo viejos odios. Les escribo una carta muy sentida sobre eso. Ese editorial no fue escrito por Hernando, sino por Abdón, que es un hombre envenenado.

"Mejor lo hizo *El Espectador*, a pesar de publicar una vaina de Silvia Galvis con injurias infames.

"No me siento deudor. Los de arriba debemos ayudar a los de abajo. Pero no a la brava. Yo no me siento culpable. Muchas veces son los mismos del pueblo los que dañan las cosas. Se roban los manholes, hay vandalismo, se roban los alambres eléctricos. Esos tienen la culpa".

Se queda pensando, mirando al vacío. Su boca suspendida en un rictus amargo, sus cejas levantadas y agotadas.

El periodista le recuerda la copia de su hoja de vida, que le ha pedido sin éxito en las últimas visitas. Eduardo Lemaitre sonríe con sorna y su mirada adquiere una agudeza abrumadora:

"La guardas en tu archivo para cuando me muera", concluye con una sonrisa juvenil y divertida.

Piensa un poco más y dice, amigable, pidiendo ser comprendido: "Vente el martes".

Y baja la cabeza y les pide a sus párpados exhaustos que le den algo de sombra.

* * *

El monólogo empezó en una tarde perdida de fines de diciembre, cuando Lemaitre fue informado del deseo de rendirle un homenaje.

No prestó mucha atención al asunto del homenaje. Ya desde entonces hablaba de los preparativos para la inauguración del parque Apolo, que estaría remodelado para la celebración del centenario de la muerte de Rafael Núñez, y todo lo que no tuviera que ver con ese tema poco le interesaba.

Aunque, a través de las visitas, sus palabras no han seguido un derrotero establecido, aunque ha divagado en recuerdos dispares, aunque cada entrevista haya sido asomarse a un Lemaitre distinto, el tema del parque siempre estuvo.

El parque Apolo tomó su nombre de un hermoso Apolo de mármol que Núñez trajo de Europa en uno de sus viajes. "Un torso de Apolo Belvedere en un mármol muy puro".

A fines del otro siglo, cuando la casa campestre de doña Soledad y de don Rafael se erguía solitaria entre la tierra, el mar, los cocoteros y las murallas, el Apolo tenía un templete a todo el frente de la casa. Ese templete y la capilla eran las únicas construcciones cercanas a la casona heredada por doña Soledad, una casa zarandeada por el viento y por las guerras de un país.

Flaco, apergaminado y leve, Eduardo Lemaitre fue levantando a lo largo de los meses una de las construcciones más armónicas que se han hecho en la ciudad. Como un demiurgo que despliega sus poderes con susurros, fue erigiendo cercas, fue sembrando cocoteros, fue obteniendo capitales para fundir unos bustos, fue encontrando descendientes de virreyes que arriesgaron sus pellejos hace siglos.

Reunión tras reunión habló de ese parque.

Habló del teatro al aire libre, de su sueño –finalmente resignado– de representar el Hipólito de Eurípides con su sobrina Florina, en la celebración del Centenario.

Habló de los cocoteros que tuvo que importar, de algunos que se robaron y de los pocos que quedan en la ciudad. Tal vez al hablar de cocoteros recordó aquel personaje de 'Ifigenia', su primera obra teatral, que decía:

Archivo *El Universal*

"Sin cocoteros, toda la languidez del alma tropical desaparecerá".

Y habló de aquellos hombres que ha sacado del olvido, de esos bustos que ha ubicado en un templete que parece una gran nave espacial.

Al lugar lo ha bautizado "Glorieta de Próceres Olvidados" y ha sido construido en homenaje a la Constitución de 1886. "A la pobre la mandaron pa' la porra. Fue nuestra casa dorada".

Al final habrá en el sitio nueve personajes reunidos en grupitos de tres, formando todos un círculo, como simples parroquianos que discuten bajo el sol.

En un grupito están Miguel Antonio Caro, que fue quien redactó la Constitución; Rafael Núñez, su inspirador, y a la derecha Campos Serrano: "que fue quien la sancionó".

En otro grupito están Vicente Celedonio Piñeres, quien junto con sus hermanos dirigió el movimiento político que culminó con la independencia absoluta de Cartagena; el general Juan José Nieto, Presidente del Estado Soberano de Bolívar, escritor, y quien por más de veinte años dominó el escenario político; y el Virrey Sebastián de Eslava, un hombre valeroso que al lado de Blas de Lezo, aquel que dejó su cuerpo olvidado en mil batallas, doblegó la soberbia del almirante Vernon: el inglés que llegó a la ciudad con la flota más grandes que han visto sus costas, un ejército asombroso de 23 mil soldados y 180 barcos que tuvieron que marcharse, días más tarde, vencidos por la fiebre, por Blas Lezo y Eslava, y por su propia arrogancia.

Los ingleses traían unas medallas que decían: 'We look for don Blas', en las que representaban el triunfo que iban a tener sobre Cartagena. Pero don Blas dio la batalla. Con un brazo inútil, tuerto y cojo, se movió por las murallas, mientras el Virrey Eslava ideaba nuevas tácticas.

El triunfo en aquel año cruento de 1741 no habría sido posible sin la sagaz inteligencia del virrey Eslava. Con sólo seis buques, Eslava se enfrentó a esa flota del tamaño de la ciudad. Ordenó hundir dos barcos para evitarle el acceso a los ingleses a la bahía y, después de varios meses, vio perderse en la distancia una flota derrotada.

Un sobrino de Lemaitre que bucea ha visto los restos silenciosos de los barcos sacrificados, el África y el Nerón, ha visto que se asoman sobre el fondo como viejos costillares.

En el último grupito de próceres olvidados hay un diálogo de mundos. Allí está don Pedro Zapata de Mendoza, el hombre que construyó el Canal del Dique y el primitivo castillo de San Felipe.

Junto a él está Cárex, "un indio de la isla de Tierra Bomba que le dio mucho cacao a Heredia, le mató trece tipos. Fue el único que se enfrentó. Para los españoles llegar aquí fue fácil, los indios se sometieron y luego se aliaron con ellos"

En este último grupo, en representación de las negritudes, está Domingo Biojó. "Benkos no existió, es un cuento de Manuel Zapata Olivella, el novelista. Pero existió un negro llamado Domingo Biojó, que puso en jaque a los españoles, les dio mucha guerra y finalmente lo ahorcaron en la puerta de la Media Luna".

Pero como no hay fotos ni de Cárex ni de Biojó, Lemaitre le propuso al escultor una idea salomónica. Recordó que, en España, cuando quisieron hacerle un homenaje al gran Capitán Fernando González de Córdoba no había retrato de él y optaron por ponerle el rostro de un torero cordobés que estaba en su apogeo, llamado Lagartijo. "El homenaje resultó doble".

Esta vez, Eduardo Lemaitre le ha propuesto al escultor Tatis que, para representar a Cárex, use el rostro de Piñacué. "Piñacué es un indio muy hermoso", diría Lemaitre en su auto, en otra tarde de entrevista, después de salir de la casa del escultor y haber sido ayudado por su chofer a cruzar la calle y a ocupar su puesto. Por esos días se desarrollaban las campañas para elecciones presidenciales y a Piñacué y a Navarro Woolf les había tocado el turno en televisión la noche anterior. "Habló muy bien anoche Piñacué, ganó muchos votos con su forma de hablar".

Para el rostro de Biojó tomaron como muestra el de Nelson Mandela. "Pero éste está haciendo un Mandela sonreído. Tiene que ser un hombre con rabia, un hombre combativo".

* * *

Durante todas las charlas, espaciadas a lo largo de los meses, caminando por el parque, en su oficina, a la salida de la Casa o en la capilla –confesando que siempre ha tenido curiosidad por ver lo que hay dentro del sepulcro de Núñez–, Eduardo Lemaitre hablaría de cientos de cosas distintas.

De los tiempos de guerra en que hubo que sacar los restos de Núñez de su sepulcro –a fines del siglo pasado– y esconderlos en otro lado para evitar ultrajes.

De los baños que hay que poner en las murallas, de las señoras tejiendo –"como en Madrid"– que cuidarían esos baños; de la lenta destrucción que está arrasando con el Palacio de la Inquisición; del asedio pernicioso de edificios por el cielo de El Cabrero.

Una tarde, al despedirse, diría divertido que él siempre les insistía a sus hijos en que lo aprovecharan mientras estaba vivo para que supieran cómo eran sus abuelos.

La Historia es el gran tema de sus charlas. Una historia tejida de emociones y de objetos entrañables. Una larga cadena de episodios sugestivos que duele interrumpir.

Mejor es escucharlo. Dejar que siga hablando con su vocecita tenue. Verlo callar para escribir o buscar algo con mano temblorosa, y seguir escuchándolo, seguir observando los objetos y personas que trae de las sombras: el lazo con que ahorcaron a Prestán, un altar que ayudó a rescatar cuando fue gobernador, un perdido episodio de comienzos de siglo llamado "el carrusel de los bonos", una anciana que conoció a los siete años, doña Soledad Román, la tía que todos los domingos recibía la visita de Lemaitre y de su padre para hablarles del pasado, de un hombre en su pasado.

"Quiero que el parque esté listo para septiembre. Y, aunque nadie tiene su vida reservada, espero llegar con vida al homenaje"

Los actos para esos días del Centenario han sido su otro gran tema: el simposio, el discurso que prepara sobre el célebre epitafio en latín que le escribió Caro a Núñez, "es una obra maestra"; los desfiles y personajes invitados; los contactos con el Marqués de la Real Defensa de Cartagena de Indias, un descendiente del hermano del Virrey Eslava que vive en Pamplona y se ha vinculado al homenaje a su ilustre antepasado (Lemaitre recuerda la forma como entró en contacto con el Marqués, la forma como le pidió que participara: "lo mejor que yo he escrito en mi vida fue esa carta, fue muy digna y decorosa").

Ratifica su queja por el apoyo inexistente y la descortés indiferencia de "su majestad Gabriel Primero", y agradece la ayuda de entidades y organismos que le han colaborado.

Pero también hubo tardes en que la casa en silencio y las luces apagadas nos decían que no estaba. También su secretaria.

Esas tardes nos tocaba dialogar con el paisaje, con fuentes y comedores octogonales, con cuadros y escaleras, con parques cada vez más terminados.

* * *

Una tarde hablo de libros y de literatura. "Me gusta releer. Estoy ya en el tiempo en el que uno relee y regusta cosas que lo emocionaron tiempos atrás.

"Hace mucho tiempo que no aparece en el mundo un novelista que lo agarre a uno. La última fue la autora de *Una cierta sonrisa*". Meses más tarde pudo recordar que la autora se llama Francoise Sagan.

"No soy capaz de hacer una novela del tipo realismo mágico. Yo arranco en una época en la que no se concebía una novela americana –salvo *María* y *La vorágine*, nadie había intentado algo– todo tenía que ocurrir en París. Lo mismo sucedió en Roma, usted lee las obras de la época clásica, todo pasaba en Atenas, no se atrevían a ambientarlas en Roma.

"Ese mérito tiene la generación del 'boom', le arrebataron a los europeos el centro y lo han estado haciendo hasta ahora".

De García Márquez habló con tonos diversos y en diversas ocasiones. Elogió el gesto de reconocer que la novela *Del amor y otros demonios* se inspiró en un episodio de su *Historia General*, el 'Cessatio a Divinis', la historia de unas guerras intestinas, llenas de anécdotas violentas y curiosas, con monjas belicosas de por medio. Pero también habló de una falla estructural básica: "Simula cultura. No es un clásico como Azorín, en todo caso".

"Poesía he perpetrado", prosiguió en aquella tarde de apagón en la que más habló de libros. "Estoy de acuerdo con Camilo José Cela, que considera que es un acto de obscenidad publicar un libro de versos para que la gente se entere de sus intimidades. Por eso me abstengo de la imprenta, que circulen, pero cuando yo desaparezca de este mundo pícaro. Son muy pocos, treinta o cuarenta.

"Novela y cuento no me salen. No es que no me salgan, lo que pasa es que me salen pasadas de moda y yo no quiero salir con cosas con las que hasta se burlan de uno.

"Por otra parte, mis vivencias y mis experiencias a través de toda mi vida han sido muy poco dramáticas, me faltan elementos reales para introducirlos en el relato.

"Prefiero contar la historia.

"Mi primer libro lo publiqué en 1949, fue un estudio sobre el siglo XIX. Después vino la biografía de Rafael Reyes, en el 51, la que ahora reeditó Norma".

A lo largo de su vida, en medio de su esfuerzo para rescatar grandes pedazos de la historia, Eduardo Lemaitre ha trabajado especialmente por la reivindicación de la imagen de Núñez, su defensa apasionada.

Durante los días previos a la celebración del Centenario, Eduardo Lemaitre hizo circular en distintos periódicos –por capítulos– su obra 'Núñez y su leyenda negra'.

"'Núñez y su leyenda negra' es un libro combativo. Fue escrita con garra y con ganas de pelear. En 1975 nosotros celebramos aquí el sesquicentenario de su nacimiento. A los pocos meces hicieron una celebración en Barichara –donde nació Aquileo Parra, el archienemigo de Núñez–, invitaron a Alberto Lleras y Lleras dijo que, en las elecciones de 1875, Santiago Pérez había hecho lo indecible para subir a Parra; dijo también que, fuera lo que fuera, prefería a Parra que a Núñez. Y por eso me calenté.

"Cogí todas las vainas que han dicho contra Núñez: que era escéptico, traidor, bígamo, deshonesto, mal poeta, filosofo...Uno a uno fui analizando cada aspecto, con bastante ánimo de guerra, y publiqué por mi cuenta ese librito.

Sobre su *Historia General de Cartagena,* el esfuerzo más grande que se ha hecho por recopilar en una sola edición la nutrida y tormentosa historia de Cartagena, Lemaitre dice:

"El libro ya no se consigue, y su aparición no ha sido registrada en la prensa de Cartagena. La gente le ha tenido miedo al libro. Con los años irá ganando en mérito e importancia. Porque no es sólo lo documental que saqué de otros, sino que hay muchas investigaciones propias. Por ejemplo: cómo llegaron a tumbar el baluarte de San Pedro Mártir. Si observas con cuidado, encuentras que las piedras están pegadas con cemento blanco, porque estaban en el suelo cuando vino la reacción.

"Cartagena tiene tantas vainas", dice Lemaitre mirando hacia el patio desde su oficina, en esa tarde de ruidos naturales, sin aire acondicionado. Se ve algo demacrado, se repone de una de sus frecuentes recaídas pulmonares, hasta allí llega el olor mojado del patio.

"Tengo escrita una obra de teatro que se llama *Siempre esclavo*. Es sobre San Pedro Claver.

"Voy a publicar una selección de cien o ciento cincuenta notas sobre temas históricos o literarios. Se llamará *Historias para conciliar el sueño*.

"También tengo un estudio que se llama *Del alcohol en la historia de Colombia*", dice con sonrisa de muchacho que ha hecho una fechoría.

Mueve con gesto divertido una campanita que está sobre su escritorio. "Como será…Yo estoy cien años atrás, pero me alegro porque me sirve", y señala con sus cejas esa tarde de apagón.

Le pide a su secretaria uno de sus libros, se acerca con gran esfuerzo hasta el escritorio y escribe con pulso frágil y letra firme.

* * *

Sin que nadie lo haya dicho, la entrevista sin preguntas se termina en ese martes de cansancio, al final de una batalla que ha durado varios años.

Al saludarlo y preguntarle cómo estaba, sin perder su humor ha dicho: "A medias y sin zapatos".

Más tarde, ha cubierto su rostro con ambas manos.

Ahora recuesta la cabeza entre el pulgar y el índice, masajea sus sienes, piensa.

Ha llegado hasta el final de un gran esfuerzo. Ha ganado otra batalla contra el olvido. Ha escrito otro capítulo en la historia.

Se repone lentamente de una terrible fatiga que, sin su consentimiento, no es capaz de doblegarlo.

Cuando el periodista se dispone a despedirse, Eduardo Lemaitre se recuesta en el respaldo de su silla:

"Voy a tomarme unas vacaciones en el Hotel Las Américas. Así estoy y no estoy en la ciudad".

¿Qué hará? ¿Leer?

Sonríe con una exhalación pesada.

"Ahora sólo quiero ver el mar".

Y sus ojos caídos se hunden en la placidez de su última palabra. Mira en la dirección del mar que no puede ver pero que imagina, como si no existieran los muros y avenidas que sitiaron esa casa que se ha mantenido digna, como si aún fuera posible distinguir –entre los viejos cocoteros– a ese viejo mar de náufragos y flotas poderosas, ese mar devorador que se tragó hasta el fundador de Cartagena, ese mar sin cicatrices por el paso de los hombres, ese mar sosegado que canta con ecos lejanos.

Mira al mar y sonríe, algún día, para muchos, ese hombre de obsesiones poderosas, ese otro personaje de la historia, vivirá en los testimonios que se dejen de su vida y de sus obras: en sus libros, en sus gestas, en el parque.

Y regresa de la paz a su oficina, dulce, compasivo, capaz de comprender los avatares de la prisa:

"Vente el martes", miente con un suspiro.

Suplemento *Dominical. El Universal.*
Octubre 18 de 1994.

ESTRELLAS BAJO EL SOL

Pasajeros de un planeta perdido

A las siete de la noche los buses parecen depósitos de cadáveres.

A las siete de la noche la gente se arremolina junto a la India Catalina, el Camellón de los Mártires y el Parque del Centenario.

En la mente de muchos sólo está el recorrido hasta la casa, un recorrido que el cansancio alarga, una meta infinitamente aplazada, inalcanzable.

Muchos tienen el dinero del pasaje en el puño cerrado, muchos tienen bolsas grandes y pesadas con cosas que se necesitan en la casa, muchos se imaginan cada uno de los pasos hasta subirse, hasta ubicarse, hasta bajarse, hasta el camino final hasta la casa, hasta la silla, hasta la cama, hasta el lugar donde por fin podrán abandonarse.

Todo es aparatoso, todo es apresurado, todo tiene cierto aire de agonía.

Trabajar cansa y, como a las siete de la noche, luego de un día de trabajo, se tiene hambre, el cuerpo está sudado y agrietado y todo uno se siente cansado, fatigado, exhausto, mamado.

Cuando se tiene suerte o cien pesos más en el bolsillo, uno puede subirse a un bus ejecutivo y dejarse llevar, olvidarse de todo, poner la mente en blanco, pensar sin comprometerse con lo que se piensa, estar lo mínimamente alerta para no dormirse, para no pasar de largo por el sitio en que se debe pedir parada gritando o timbrando y bajarse.

Hace como quince días, a las siete de la noche, a un bus ejecutivo subió un hombre flaco y triste que ponía una exagerada cara de bondad.

Se detuvo al comienzo del pasillo, miró a los hambrientos y adormilados pasajeros, contó una historia lo suficientemente trágica y conmovedora, habló de su incapacidad para robar y delinquir y con voz áspera, lastimera e impostada se puso a cantar.

Cada día es más frecuente que la gente cante en los buses, ya no de alegría sino de pura necesidad. A cada nota adolorida del hombre que canta, las tripas nos duelen más, taladra cada vez más hondo el hambre.

En medio de eso, en medio de ese ambiente de súplica, un hombre que viajaba en una de las bancas traseras gritó: "¡Que cante el ñato!". Su petición fue acompañada por una aprobación casi unánime de los pasajeros del bus, la mayoría sonreía y parecía orgullosa de saber quién era el ñato.

El ñato, que estaba sentado en una de las bancas de adelante, mimetizado entre la multitud, se paró, como picado por una serpiente, se volteó, miró algunos rostros, ninguno de los cuales parecía ser el de quien gritó y dijo, a todos y a ninguno: "¿Qué?, ¿me vas a dar plata tú a mí?" , y se volvió a sentar.

El hombre que cantaba estaba asustado. Temía que esa disputa entre no se sabe quién y el ñato pudiera robarle la atención que se posaba sobre él. Siguió cantando, tímido, ignorando la ira del ñato y pasó luego por los puestos para recoger algo de dinero del que se desprendían los hambrientos pasajeros.

Entonces el ñato se volvió a parar. A muchos nos causó estupor ver su resucitamiento.

El ñato dijo: "Pues sí, voy a cantar. Pero la plata que ustedes crean que me merezco se la dan a él", dijo señalando al apabullado artista que había originado la discusión.

Y entonces el ñato se dejó ir con su canción, y su voz se posó cálida y amorosa como una luna llena en medio de la noche cansada de los que regresaban de trabajar.

El ñato conmovió, reconfortó y resucitó a su auditorio con una canción en la que les decía que cuidaran mucho a sus viejitas que las madres son un tesoro, un tesoro que no engaña y que no sabe de traición.

Foto Eduardo Herrán

Bajo la roca

Al mediodía el sol parece una enorme y pesada roca de luz.

Debajo de esa roca trabaja el ñato. Cuida carros en la plazoleta de Telecom y el sol es para él como un sombrero.

El ñato cuida los carros, limpia los carros y los vidrios de los carros, arranca el polvo de las llantas y las latas de los carros, vigila que nadie les haga nada, ni les quite ni les ponga.

El ñato también es como un sicólogo de las personas que conducen los carros. Es padre, madre, hijo y amigo dicharachero.

Para cada uno tiene un trato. A cada uno le dice algo más de lo necesario.

Allí no es sólo el ñato. También es "el cantante" y "el mexicano". Sucesivamente ha ido adquiriendo apodos, conforme a las modas (ahora los apodos se sacan de la televisión). Le han llamado el cuervo, porque imitaba el chillido que se oía al comienzo de un dramatizado que se llamaba "Los cuervos" y que fue muy popular hace algunos años.

También le dicen Mánimal, y eso él lo dice medio divertido. Lo que sí no parece perdonar es que le digan ñato. Él como que aún no se acostumbra a ese apodo. Por eso dice "To-ña", invirtiendo las sílabas e insinuando el siguiente tema de la conversación.

Antonio Aguilar y yo

Antonio Aguilar vino a Cartagena hace como 20 años. Vino con su gloria y su color, como milagro salido de las pantallas de cine mexicano que en esa época abundaban.

Un asiduo de esas películas era el ñato, quien, como ahora, se la pasaba rodando entre el trabajo y la falta de trabajo.

Por eso, cuando vino a Cartagena Antonio Aguilar (Toni Aguilar, To-ñaguilar) el ñato estaba entre la deslumbrada multitud que asistió al Teatro Padilla y, sin saber muy bien cómo ni por qué, terminó cantando en el escenario.

Subió porque Nando Barrios, que había sido invitado a alternar con Toni Aguilar, se moría de pena y de miedo y no quiso salir.

Hubo un momento en que Aguilar pidió a alguien del auditorio que lo acompañara y, luego de un breve silencio en la sala, el ñato, un joven flaco y tímido de dieciséis años, se paró como años después en un bus ejecutivo y caminó hasta el escenario, tomó el micrófono que afablemente Toni Aguilar le ofrecía y se puso a cantar "La negra cruz", tranquilo, emocionado, pero no asustado, seguro de su voz y de su sentimiento.

La negra cruz

"Ya no llores corazón, no seas cobarde. Hay que ver lo que me haces padecer. Ya no llores corazón que ya es muy tarde, pues a los dos nos tocó la de perder.

"Yo me muero y tú me pierdes para siempre. Y te quedas en el mundo a navegar. Ten cuidado, pisa bien y no resbales. Mas, no seas tonta, no te dejes engañar.

"Ahora quieres con tu llanto regresarme, de aquel camino que tú misma me enseñaste y en el vaso tú pusiste el veneno, aquel veneno que para mí preparaste.

"Que en mi niño yo te dejé mi retrato. En él tienes el camino que te di. Cuando crezca le platicas de su padre. Mas no le digas que me traicionaste a mí.

"Y en la tumba pon la cruz que yo te diga. Y que sea negra, no la quiero de color. Porque negra todo el tiempo fue mi suerte. Mujer traidora ahí te dejo mi perdón".

El ñato se queda con la mirada en el suelo. Pensativo. Con los labios apretados. Lejos del ir y venir apresurado del parqueadero.

"Cantar con Antonio Aguilar es una alegría grande para mí. Creo que está vivo todavía. No creo que haya muerto".

Cuide mucho a su viejita

"Toni Aguilar me dijo que por qué no me iba de aquí, que progresara la voz, que si quería él me ayudaba para viajar a México para perfeccionarme y ser cantante.

Le dije que iba a hablar con mi mamá, pero ella no aceptó. Dijo que yo estaba muy pelado y me tuve que quedar aquí.

"No le guardo rencor. Ella obró como madre".

Guillermo Amador Escorza

Pero, ¿quién es el ñato? Es un hombre opaco de piel dura y calcinada. Es un ser vulnerable que finge dureza. Es una máscara a la que se asoma la sentimentalidad por los ojos, por la mirada roja al borde del llanto, y se lamenta de su suerte, de su mala estrella, y baja la cabeza y suspira y ve cómo uno de los carros que cuidaba se aleja sin pagar.

"Estrellas y estrellados"

Una vez ganó un concurso de canto. Fue en el programa "Estrellas y estrellados" que dirigía el famoso locutor Víctor "Piropero" Castro.

"En ese tiempo estaba yo varao. Me encontré con un muchacho que me oyó cantar y me dijo que en la Voz de la Heroica había un programa así y así, que por qué no me inscribía. Tenía que ir un jueves a entrenar y al domingo participé por primera vez. Gané durante tres domingos seguidos".

Tan exitosa era su carrera, tan directo era su camino hacia la fama, que muy pronto el conductor del programa le dijo que sería el representante de Cartagena en un concurso en Barranquilla.

"Este puesto a ti no te lo quita ninguno", le había dicho el Piropero.

"Ese día salí feliz hacia mi casa, que quedaba en el barrio la Candelaria, pero allí me encontré con un problema, tuve que rajarle la cabeza a uno por una discusión por un chance de cinco pesos (¡mira que hace tiempo!) y me tuve que ir de la ciudad varios meses para donde una de mis tías".

Ni modo de volver a participar después en "Estrellas y estrellados". Se sentía, algo así, como una estrella estrellada. Por lo menos se había caído desde bajito.

Entonces no volvió a intentar cantar. Al menos no ya buscando la fama.

Algunos sabían que el ñato cantaba y le pedían que lo hiciera y a veces le pagaban; pero no era nada profesional.

En los barrios a la salida de Cartagena era popular. En el puente frente al estadio de fútbol había ganado varias batallas musicales. Muchos se habían quedado silenciados al enfrentarse con su talento.

Pero era más bien desconocido. Nunca había podido ser un verdadero cantante.

Tito Cortés está ahí adentro

Otro artista al que conoció fue Tito Cortés.

Él ñato trabajaba como portero de un cabaret en Tesca y Cortés actuó varias noches allí.

En esa ocasión no cantó. No quiso medirse con él. Empezaba a dudar que su destino tuviera que ver con el mundo de la canción.

El manuscrito

Hace como tres años le robaron todo de la casa. Allí se fueron sus recortes de periódicos, muchos libros de vaqueros y espionaje y su diario.

"Era un cuaderno como así", dice el ñato poniendo las palmas de las manos como si entre ellas tuviera un libro como de mil páginas, "en el que escribía las cosas importantes que me sucedían en la vida".

Lo primero lo escribió después de la noche gloriosa en que cantó al lado de Toni Aguilar. Luego la gloria fue decayendo en esas páginas y empezaron a llegar historias sórdidas, amores que traicionan, amigos que dicen ser amigos.

Allí quedó consignada la historia de una mujer que lo abandonó y lo dejó con un niño de un año.

Allí escribió el ñato hasta hace como tres años. ¿Dónde está ese valioso manuscrito?

Están escritas las crónicas de su arrancia, los avatares de su arrastrar de estrella apabullada. Está la obra tristemente irónica de su vida de cantante fracasado.

Porque la palabra fracaso es la que primero salta cuando ese hombre canta ante auditorios ocasionales o invisibles con su voz poderosa de Rolando Laserie dedicado a las rancheras, cuando retumba esa caja de resonancia que a veces él ejercita mientras limpia carros, cuida carros y estira una mano hacia las ventanillas de los carros.

Al oírlo cantar, algunos se detienen a escucharlo. Sonríen con algo de sorna, pero a la vez con respeto. El ñato está cantando. Le está demostrando a un periodista que sabe improvisar y está haciendo una canción sobre la forma como él y el periodista se conocieron en un bus, cómo el periodista le preguntó dónde podía hablar con él, cómo él respondió de inmediato que en el parqueadero de la Matuna y cómo, al día siguiente, él había recordado el episodio y pensado que a ese periodista ya nunca más lo volvería a ver.

El ñato corre tras un carro que se marcha y concluye su canción improvisada con las frases: "...ésta es mi profesión, cantar y cantar, a aquel que me quiera oír".

La mala estrella

"Tengo mis hijos. Tres varones y una hembra, cada uno de distinta mujer.

"El que más me necesita es el menor, el que abandonó la mamá.

"Por ellos estoy aquí", dice el ñato levantando los ojos a ese sol que parece reírse de él. "Si no, no estuviera aquí.

"A veces también me gano algo cantando. Paso por ahí y me dicen: cántese una ranchera.

"Me han dicho que por qué no voy a Bocagrande y me integro a un conjunto, pero no tengo la conexión. Si me hubiera dedicado, tal vez sería un gran cantante".

Hay gente que me dice que todavía puedo, he querido salir adelante pero no tengo ayuda. Una señora me dijo que iba a hablar con no sé quién. Me gustaría tanto poder ser cantante: pero me he encontrado con esa mala estrella. "Tengo, como dicen por ahí, la comida, pero no tengo dónde hacerla. No tengo la olla".

He creído ver un oasis en la distancia

"Algún día quisiera poder conocer a México".

"Lo que sé de ese país es porque lo vi en las películas o por las canciones".

"He estado en Venezuela, en Nicaragua, pero en México no".

"Ojalá pudiera pisar esa tierra. Significa la salvación del resto de mi vida…ser otro".

El ausente

"¿Una canción que resuma mi vida..?". El ñato piensa un momento. No parece haberse hecho nunca esa pregunta. Luego responde: "El ausente, de Antonio Aguilar". Y de inmediato, como en las películas mexicanas, en las que cualquier excusa es buena para cantar, el ñato despierta su vozarrón obstinado y sin prisa, y dejando salir virtuosamente cada frase, se pone a considerar "qué triste se encuentra el hombre cuando anda ausente, cuando anda ausente, muy lejos de su patria. Mayormente si se acuerda de sus padres y su chata. Ay, qué destiiino, para ponerse a llorar.

"Paso del Norteeeee, qué lejos se va quedando. Sus divisioneees, de mí se están alejando.

"Los pobres de mis hermanos de mí se están acordando. Ay, cruel destinoooo, para ponerse a llorar… Porque tanto tiempo he estado ausente y porque me encuentro triste a cada rato", dice el ñato con una voz que flaquea de tristeza.

Las voces de mis enemigos

"Muchas veces sí he pensado en matarme. Pero me detuvo la cobardía: es cobardía quitarse la vida… o lo haría después de matar a dos enemigos que a mí me están trabajando, pero antes quiero saber quiénes son.

"He tenido ganas de ir donde un sicólogo mental para que me diga quién me está trabajando.

"Cada rato oigo ruidos sin que haya nadie, oigo golpes en los calderos y voces que me dicen que me voy a volver marica.

"Lo que cojo se me vuelve nada. Si me gusta una muchacha que se llama Beatriz, la voz me dice que por qué voy por allá, que ella tiene tres hijos.

"El día que no pueda más voy a cometer una barbaridad. Si voy a pasar el resto del tiempo preso, así será".

El reflector

Entonces, bajo ese sol, viéndolo ir y venir como pez entre lava, recibiendo el mal humor de algunos empleados oficiales ("todo lo que quieren resolver con la ley, pero yo no me le quedo callado a ninguno", dice el hombre que no se le quedó callado a Toni Aguilar), viéndolo cantar, hablar de su vida con ojos a veces al borde del llanto, uno termina por pensar que el ñato es espectacular.

Algunos conductores, intrigados porque alguien que anda con él toma nota en una libreta, se detienen, lo ocupan, le piden el favor de que les limpie el vidrio trasero, le piden un poquito de agua para el radiador, le preguntan si todo está bien, y el ñato los atiende obediente y diligente. Hace su labor sonriendo por saberse finalmente importante, a lo mejor se le ocurre que finalmente es un gran artista y que el sol es un reflector que ilumina su escenario, recibe las monedas que le alargan desde el carro y vuelve, manejando con maestría unos gastados zapatos blancos convertidos en chancletas porque tienen el contrafuerte pisado, regresa, sonriendo tímidamente, ensayando la sonrisa que pondría si hubiera sido lo que nació para no poder ser, camina con su trapo rojo en el hombro y un balanceo carente de naturalidad, pensando qué más puede contarle al periodista, qué más puede agregarle a esa historia de alguien que se vio obligado a decirle que no a todas las oportunidades que la vida le mostró, condenado al fracaso, a la nostalgia, al delirio oyendo voces y recordando noches del pasado que parecen soñadas, que vuelven cada vez más diluidas en su memoria, despojadas de fechas, esquivas, imposibles de mirar directamente a causa del resplandor infame que cae día a día, especialmente al mediodía, sobre la plazoleta de Telecom.

Suplemento *Dominical. El Universal.*
Marzo 1 de 1992

Álvaro Mutis[2]

"LO QUE NO HAGAS POR AMOR PERTENECE A LA MUERTE"

Juvenil y vigoroso, se mueve por el cuarto del hotel. Dice que es mejor hablar allí para evitar la interrupción de los intelectuales. Sonríe. Se cambia una camiseta amarilla por una camisa de marinero que compró en Saint Maló —tiene un velero bordado cerca del corazón— y, dentro de ella, Mutis se siente como en su casa. Dice a su hijo Santiago que no lo deje olvidar *La nieve del almirante* que le va a regalar a María Luisa Bemberg. Se pone cómodo y habla: "Bueno muchachos", con una voz rotunda, áspera y serena, como el primer trueno de una tempestad.

Dolor y alegría

"El momento más doloroso ha sido para mí, hasta ahora, la muerte de mi hermano, Leopoldo, que fue durante toda la vida como un cómplice secreto de mi vida y de lo que yo escribía.

"El hecho más espléndido, para mí, son los años de mi niñez que viví en Bélgica y, paralelamente, durante las

[2] La entrevista a Álvaro Mutis se realizó en colaboración con el periodista Gustavo Tatis Guerra, en el marco del Festival Internacional de Cine de Cartagena 1992, del que Mutis fue presidente del Jurado.

vacaciones, los años que viví en una finca de mi madre y de mi abuelo que se llamaba Coello, en el Tolima. Una finca de café y caña. Los días que pasé en Coello sencillamente fueron para mí los días del paraíso.

"A mí no me tienen que mostrar dónde queda y cómo es el paraíso, porque yo ya lo conozco. La finca está en la carretera entre Ibagué y Armenia, a doce kilómetros de Ibagué. Por eso fuimos con Santiago, cuando murió mi hermano, a echar sus cenizas en el río Coello, y espero que se haga lo mismo con las mías, para regresar, aunque sea en forma simbólica, al sitio donde he sido más feliz.

"Por eso muchas veces me dicen que soy tolimense y yo nunca lo rectifico, porque en el fondo tengo tal amor por esa tierra que pienso que eso, que es un error de tipo biográfico, es una verdad profunda".

Maqroll

"Cuando comencé a publicar los primeros poemas que yo creí que eran publicables (que por cierto eran poemas en prosa, como uno que se llama 'La corriente'), yo sentí que escribía una poesía de un escepticismo, de una desesperanza, tan grande que no iba con mi edad, con la edad de un muchacho de dieciocho o diecinueve años que liquida de repente toda esperanza y todo sentido frente a lo que hacen los hombres durante su paso por la tierra.

"Entonces pensé que la voz de otro que sí tuviera experiencia y, atrás, un dolor ya sufrido y un conocimiento del mundo ya probado, le daría verdad a esa poesía. Y así nació Maqroll.

"Ahora, lo que pasa —y siempre lo aclaro—, es que la vida ya alcanzó a Maqroll y ya he pasado yo por pruebas, viajes, andanzas que me permiten hablar así. Pero yo sigo teniendo un gran cariño al gaviero y, además, él es ya hoy un personaje con su propia vida, con su propio pasado, con sus propios intereses, con sus propias relaciones con sus amigos: hechos que voy narrando y que le van dando cada vez más peso y más verdad. Ya Maqroll es un ser vivo que me hace la vida a veces imposible.

Foto Gustavo Arango

"Yo muchas páginas las estoy escribiendo con la presión del personaje muy evidente y muy sentida sobre mí. Algunas veces, por ejemplo, se me ocurre decir: "Bueno, ahora voy a escribir un viaje de Maqroll a tal parte", y me doy cuenta de que él va para otro lugar, con otro fin y a buscar otras cosas ya por su cuenta. Entonces tengo que parar mucho la oreja, antes de escribir, porque él está ahí".

Un solo libro

Cuando yo escribí *La nieve del almirante* lo hice simple y sencillamente para darme una idea de si —a partir de un poema en prosa del mismo nombre—, lo que yo vi como el fragmento de una novela, en verdad podía ser una novela. Cuando terminé, dije: 'Bueno, sí es una novela; lo voy a publicar y con esto termina el experimento'.

"Eso creía yo. Pero inmediatamente empezó la presión de los personajes y empezaron a reclamar espacio y a pedir cancha, para decirlo en una forma un poco familiar. Creo que todas las novelas son en realidad un solo libro. Y sí, en verdad, yo he pensado que se pueden publicar las novelas como un solo volumen".

Lo inexplicable

"Me doy cuenta cada vez más de que lo inexplicable, lo inefable, el lado oscuro en el destino de los hombres, me interesa profundamente y creo que existe, creo que hay una parte nuestra y en nuestro destino que es indescifrable.

"Cuando me preguntan si creo en Dios, siempre contesto una cosa que parece una paradoja y que es lo que me sale contestar: lo que me sucede es que no entiendo cómo se puede no creer en Dios. Para mí el gran misterio que hay es ser ateo: el tipo que de veras puede vivir un minuto en la vida pensando que es el dueño y el autor de todo lo que le rodea, y que atrás y encima de él y antes de él no hay nada. Eso es una conclusión tan absurda que si yo llegara un día a esa conclusión me pegaría un tiro.

"Entonces sí hay un interés muy grande en precisar y denunciar la presencia de ese otro lado nuestro que no tiene nombre. Podría decirse que, en buena parte, mis personajes vienen de ese otro lado, sobre todo los personajes femeninos. Mis personajes femeninos vienen de una zona que yo mismo no conozco. En Flor Estévez, por ejemplo, evidentemente hay un trasfondo de misterio".

El regreso de los muertos

"La muerte de mis personajes es algo que me han cobrado mucho con un personaje que yo quiero mucho, y al que las lectoras le tienen gran cariño, que es Ilona. La verdad es que a mí se me murió Ilona de repente, yo no tenía proyecto de matarla.

"Abdul, por ejemplo, a pesar de que murió, vuelve a salir y se prolonga. Como mis libros no tienen una secuencia cronológica, yo puedo volver a Abdul y, en efecto, en *Adbul Bashur, soñador de navíos* está Ilona de nuevo".

Yo aquí escribiendo

"A mí nunca me ha dado por escribir novela. Para mí, cada novela es la continuación de un poema y el ambiente que yo siento, la tensión interior que yo siento cuando estoy escribiendo una novela es la que siento cuando estoy escribiendo un poema.

"Tal vez por eso, lo reconozco con franqueza, las novelas tengan ciertos puntos flacos —como novelas, como estructura novelística—, pero eso a mí no me interesa, no me importa. Lo que me interesa es que esa condición de poesía y esa esencia poética siga corriendo por esas páginas como corre por mis libros de poesía.

"En Europa, eso los tiene muy intrigados. Como los franceses, gracias a Descartes, y al carácter racionalista, no resisten una situación así, es muy curioso conversar con ellos porque lo que me dicen es que eso no es posible: o se es poeta o se es novelista. Y entonces yo siempre contesto: 'Ni soy poeta ni soy novelista'.

"Yo no me siento en la máquina y digo yo poeta voy a escribir. Es más, yo he evitado siempre, me parece profundamente abusivo y además de muy mal gusto, decir el "yo poeta" que aparecía tanto en la poesía romántica, la de los simbolistas y los modernistas.

"¿Yo poeta? Uno no puede darse un título que le corresponde a alguien como el Dante o Baudelaire o a alguien como Keats o como Ezra Pound. Me parece una confianza un poquito abusiva.

"Yo no me atrevo y no puedo decir "yo novelista", mucho menos. Para mí novelista es Tolstoy o Dickens.

"Diría: 'Yo aquí escribiendo, yo aquí luchando a brazo partido con las palabras'.

"Cada vez me cuesta más trabajo escribir, mucha dificultad. Pero ahí voy, cumpliendo con un destino. Escribo todos los días".

El destino

"Es una vocación evidente que no la ves al comienzo. Al comienzo la ves como el gusto por las letras y, desde luego, en mi caso, la condición de lector devorante, insaciable, te ha llevado a escribir y de repente te das cuenta de que has tomado una responsabilidad, y de que ésa es tu vida.

"La responsabilidad es contigo. Con ese otro que esta allá adentro queriendo decir una serie de cosas, sintiendo que el decirlas es su destino, y yo, que he vivido en realidad dos vidas completamente distintas, lo sé muy bien, he puesto a prueba esa vocación.

"Yo jamás he vivido de mis libros, jamás he vivido de la pluma, jamás he colaborado en un periódico en forma continua, para vivir. No es que me parezca mal, y no lo digo por ustedes que están sentados ahí, pero una de las cosas que admiro más en García Márquez, fuera de las muchas que admiro en la persona y en el escritor, es que jamás ha hecho ni ha vivido de otra cosa que de su escritura.

"Esa es una condición muy bella, casi parecida a la del santo. Yo no, yo fui más cobarde y, para poder vivir más cómodamente y tratar de que mi familia viviera con cierta facilidad, acepté desde muy joven puestos que nunca tuvieron que ver nada con la literatura".

Un camino de salvación

"La literatura sería un camino de salvación. Yo insisto mucho en lo que llamo 'el poder de salvación de la poesía'. Hay una bella página de Jorge Zalamea sobre eso.

"Otra cosa sobre la que insisto muchísimo es que la poesía o es visionaria o no es poesía, es otra cosa, es prosa, es un mensaje político, es un panfleto, no me importa cómo se pueda llamar. Pero la poesía tiene en su esencia la condición de visionaria, eso quiere decir que es una visión que trasciende el marco de la realidad que nos están dando nuestros sentidos, es el otro lado también de las cosas, del mundo y de los hechos, ese lado que se ha quedado sin descifrar. La poesía intenta descifrarlo. En los grandes poetas, como el Dante, como Antonio Machado, lo descifra".

Al vuelo

"La poesía la he escrito en todos los instantes que me dejaba libre el trabajo. Libros enteros como *Los emisarios*, como *Caravansarí*, como el *Homenaje y siete nocturnos*, los he escrito en aeropuertos.

"El avión es el método más lento de viajar que ha logrado inventar el hombre. La cantidad de tiempo que se pierde en demoras y, después, la cantidad de tiempo que se pierde volando en esa especie de nada que es el tiempo dentro de un avión, a mí me ha servido para escribir".

La desesperanza

"Yo creo que hay que tener gran atención a lo que dicen y narran los vencidos, entre otras cosas porque no hay vencedores. No existen los vencedores, todos terminamos vencidos.

"El diálogo de Belem do Pará: 'Procura que tu propia muerte la hayas esculpido y la hayas modelado tú mismo y no los demás. En eso no dejes que los demás se metan'. No es fácil, puede venir el azar y destruirte, destruir ese sueño y esa posibilidad. Si es así, mala suerte; hay cosas en las que tú no puedes intervenir. Pero procura, es lo que digo yo, procura que lo sea. Si no fue posible, pues, en fin".

La política

"A mí me interesa la política cuando ya han pasado trescientos años por lo menos. Ahora empieza a interesarme la batalla de Lepanto, por ejemplo.

"Y jamás he firmado un manifiesto. Jamás. Jamás he votado. Jamás he emitido una opinión política, porque sencillamente ni entiendo, ni me he ocupado de eso, ni hablo de lo que no sé... Ahora, del golpe de estado de Napoleón sí podemos hablar varias horas, si quieren".

La isla desierta

"Yo leo muy poca literatura latinoamericana ya, muy poca.

"Yo llevaría, desde luego, a la isla desierta, las *Memorias* de Saint Simón porque, claro, son veintitantos tomos y son divertidísimas, y mientras tanto espero que ya me hayan rescatado.

"La obra de Valery Larbaud, su obra en prosa y poesía. Todo Dickens, que me deslumbra y me encanta. Y, desde luego, el que yo llamo EL LIBRO, con mayúsculas, que es el Quijote, para caer en el lugar común absoluto. Pero, como decía en las palabras que tuve que decir en la Alcaldía, yo recomiendo un regreso a los lugares comunes y no descartarlos tan rápidamente, porque por algo han sobrevivido a muchas cosas que resultaron bastante más tontas que los lugares comunes.

"El libro Don Quijote, para mí, en mi experiencia personal de lector, no se agota jamás, tienen una novedad permanente.

"El otro día, arreglando los libros, en una edición grande, presuntuosa que no sé quién me regaló o dónde me robé (ilustrada con unos dibujos horribles de Dalí), abrí totalmente al azar el capítulo de la muerte de Don Quijote y se me llenaron los ojos de lágrimas y volví a sentir eso: 'Se murió este loco, ahora qué hago yo, solo en el mundo. Se me murió este hombre, carajo'.

"Ese sí que era un lúcido. No hay tal locura en Don Quijote, sino el poder maravilloso de transformar el mundo y de hacer del mundo un lugar de poesía".

Los niños

"Ponles cuidado a los niños porque son absolutamente impresionantes. Yo tengo ahora un nieto que cada día me deja más asombrado. La certeza con que el niño va hacia el mundo, va dominando y va escogiendo su parcela de realidad es asombrosamente maravillosa. Luego la pierde con la razón, cuando empieza a pensar. Así se pierde todo.

"La forma como los mayores nos comportamos con los niños es absolutamente grotesca. Los niños a veces se nos quedan mirando, como diciendo: '¿A usted qué le pasó?, ¿se volvió loco?' Porque el niño ya vio cómo es la vaina.

"El niño no parte de la realidad, parte precisamente de donde debe partir el poeta que es de la condición visionaria. Ellos van kilómetros adelante.

"Yo tengo con Nicolás, mi nieto, unos cuidados y un respeto que desgraciadamente no tuve con estos hijos queridísimos. Yo tengo aquí tres hijos: María Cristina, que es fisioterapeuta; Santiago, que ése sí es poeta, y Jorge Manuel, que estudió cine en Londres. Tengo otra hija en Chile, de otro matrimonio, y sólo ahora me doy cuenta de la infinita torpeza con que uno se acerca a ese misterio extraordinario.

"De niño yo era muy travieso, insoportable, inaguantable. Todavía mis primas a veces me dicen: 'Usted era invivible'. Interrumpía a los mayores, echaba mis cuentos. Era muy inquieto".

El miedo

"Yo a lo que le tengo miedo es a lo que pudiéramos llamar el deterioro de la mente: cuando la mente no te sirve para lo que te ha servido siempre. A eso le tengo temor, a la muerte no. No es que me guste, pero ahí está".

El amor

"No hay otra cosa que el amor. Acuérdate siempre de un verso de Walt Whitman (lo digo siempre en la traducción de León Felipe, que encuentro muy bella, aunque no se ajusta exactamente a las palabras): 'El que camina una sola legua sin amor, camina directamente hacia su propio funeral'.

"Lo que no hagas por amor pertenece a la muerte".

Suplemento *Dominical, El Universal*
Marzo de 1992

ADRIANAS AL AZAR

> *"Después de haber interpretado a*
> *Chopin, me siento como si*
> *hubiese llorado por unos pecados*
> *que nunca cometí y como si llevase luto*
> *por unas tragedias que no me atañen".*
> *Óscar Wilde*

Sus ojos parecen caleidoscopios. Cristalinos, llenos de trocitos verdes, azules y cafés. La figura que presentan varía con el ritmo de la charla, con el sol debilitado que nos llega después de haber pasado los oscuros ventanales, con la fuerza que le imponen desde adentro las Adrianas.

Adriana la que declama

Cuando tenía quince años decidió que era el momento de derrotar a la timidez. Escogió el poema quince de Neruda, se paró frente a todos los estudiantes del colegio y lo recitó.

Lo hizo tan bien que, como premio, recibió las obras completas de Óscar Wilde y el mundo de los libros la abrazó.

"Óscar Wilde me enamoró de la literatura". Me gusta toda su obra, los poemas en prosa, *El artista, La balada de la cárcel de Reading*".

Al final del bachillerato se decidió por Lingüística y Literatura. Al final de Lingüística y Literatura, la decana, su 'ángel de la guarda', le ayudó a decidirse por la poetisa mexicana Rosario Castellanos como tema para su tesis de grado.

"Rosario enseña a las mujeres a ver la vida de otro modo. Hay un poema suyo que dice que debe haber otro modo de ser, otra manera de ser, diferente a la de Safo y Cleopatra, casi siempre víctimas sumisas; dice que debe haber otra forma de ser en la que la mujer sea independiente, en la que la felicidad no dependa del otro, que generalmente es el hombre.

"Lee a Rosario Castellanos para que puedas entender a las mujeres".

Nunca ha dejado de serle fiel a ese mundo que le entregaron como trofeo aquella tarde en que le dio mate a la timidez.

Adriana infiel

Se propuso ganar el Campeonato Nacional del 93 en homenaje a su amigo, el maestro Luis Antonio Escobar, muerto hace cerca de dos meses.

"Hacíamos canjes, él me enseñaba piano y yo le enseñaba ajedrez. Tenía un concepto heroico del ajedrez, decía que no le importaba sacrificar a la dama.

"En el segundo Nacional que gané me mandó un telegrama muy lindo. Yo llegué al tablero a jugar la partida y allí lo encontré. Es la carta más linda que he recibido. Decía: 'Tus amigos Luis Antonio, Chopin, Bach y Beethoven, te esperamos para tocar marcha triunfal a 'cuatro manos'.

Foto Gustavo Arango

"Si algo me ha hecho llorar son los conciertos de Chopin. Lloro y no me da pena decirlo. Si existiera Chopin, me habría enloquecido, habría sido infiel.

"Llegué cansada a este campeonato. Tomaba hasta diez tintos en una partida, pero me sobrepuse. Había prometido ganar el torneo por alguien.

"Murió hace un poco más de un mes. Era un enamorado de Cartagena. Donde esté, debe estar contento con mi triunfo. Más que un diálogo, siento su risa. Este campeonato fue un concierto de jugadas para él".

Adriana inexpresiva

La primera impresión se produce en un amplio salón donde varias parejas de mujeres se enfrentan casi sin moverse.

La violenta quietud es observada por familiares, jueces y delegados. Algunos van de tablero en tablero fingiendo que analizan las jugadas. Algunos las analizan.

Muchas de esas mujeres están tensas, obsesionadas. Sólo en la mesa más lejana se observa un gesto de placidez. No es propiamente de placidez, pero en la cara de esa mujer parece todo más relajado.

Adriana Salazar juega la última partida de un campeonato que ha ganado desde el día anterior. Por sexta vez se ha coronado Campeona Nacional.

Su piel es más blanca que las fichas blancas. Tiene un vestido azul y blanco. Su nariz es recta y fina. Su boca es delgada y dibuja un gesto poco convincente de desagrado.

No sonríe, gesticula poco, hace tiempo que encontró un gesto neutro para mirar las fichas, para mirar el entorno mientras el juego termina.

A veces, mientras espera a que juegue su rival, se pone de pie, camina entre las mesas, analiza partidas, se agarra las manos por la espalda. Sus movimientos son lentos, delicados, seguros y leves. Su oscuro cabello cae hasta su espalda, lo surcan algunos relámpagos blancos.

Constantemente, caminando o sentada, pensando una jugada, toma entre sus manos su cabello y hace con sus dedos una cola de caballo para ventilar su cuello.

De pie, alejada de la mesa donde transcurre su partida, acepta con severa simpatía la entrevista para después de que termine.

En el momento en que el juego se complica, algo se agita dentro de su tranquilidad.

Adriana Salazar se cruza de brazos. Su cara sigue sin decir nada. Entrechoca sus zapatos negros bajo la silla y luego se los quita. Tiene los talones irritados. Es posible percibir el vaivén acezante de su respiración.

Adriana la del corazón acelerado

"Si no hubiera estado ahí habría tirado los zapatos lejos. Eso es lo más apasionante del ajedrez. Nada en el mundo te hace latir el corazón en estado de quietud. Tú lo oyes que va a diez mil. Es sentirse uno vivo.

"Hay partidas en que uno se siente feliz, cuando sacrificas piezas, cuando le ganas a alguien que no le has podido ganar y a veces hasta cuando pierdes.

"Recuerdo un juego de Chiquinquirá, una niña hizo fantasías conmigo, y yo estaba feliz. Las partidas son como cajoncitos, como cosas aisladas. Más que las partidas uno recuerda los torneos.

"A veces, cuando juegas, se apagan las luces; cuando hay ruido en el corazón, cuando uno no está bien con uno mismo. Si estás alegre contigo juegas bien.

"Las piezas son movimientos que se proyectan. Son como los rayos láser, importa es lo que generan.

"Perder una partida es accidental, no es tan trascendental. Es molesto, pero ahí es donde se ve la fuerza de un jugador para superarse. Si mi mundo fuera únicamente el ajedrez, al perder me moriría. Pero hay otras cosas importantes.

"El triunfo, depende de la época, tiene su sabor distinto. Ayer, por ejemplo, que sabía que era campeona pensé: 'Está bien', pero era una alegría tranquila. Antes era todo un acontecimiento de mi vida. No quiero decir que no me dé alegría, sólo que es distinta la felicidad".

Adriana frente al piano

Sentada frente a su piano, Adriana se permite aquellos gestos que se niega ante un tablero.

"Tengo una suerte impresionante. Cuando tenía 18 años quería comprarme un piano. Un piano es carísimo. A esa edad no se tiene dinero para comprar un piano.

"Lloraba por no tener un piano.

"Pensé que la solución era salir y comprar la lotería. Recuerdo la convicción. El vendedor me dijo que llevara más fracciones y yo le dije que sólo necesitaba para el piano.

"Cuando llegué a casa le dije a mi mamá: 'Listo, ya voy a tener el piano'.

"En mi casa se reían.

"Gané el dinero preciso para comprarme mi piano".

Sentada frente a su piano, es posible que sonría. Paseando con sus dedos por un mundo en blanco y negro es posible que sus ojos se entrecierren de alegría.

Adriana feliz

"Me hace feliz el trabajo con los niños. Trabajo en una academia de talentos. Es un trabajo en el que nadie te da trofeos pero se gana todos los días. Educando un niño no te puedes equivocar. El niño representa lo simple, sin premeditación, siempre dice la verdad, sin refutarte te dice cuándo te has equivocado, es posible aprender mucho de él.

"Mi esposo y yo trabajamos con los niños. Él se llama Guillermo López Acevedo, es filósofo, trabaja en el área de desarrollo del pensamiento. Para tener hijos creo que hay que prepararse muy bien. Estamos en ese proceso.

"El trabajo con el niño se basa en la autoconfianza. Si logro que sea seguro, independiente de pensamiento, está sobrado en la vida.

"Dentro de poco voy a hacer una ponencia en Brasil sobre el ajedrez como recurso pedagógico. La formación no debe ser, como usualmente es, sólo dar información. Hay que crear habilidades mentales y el ajedrez ayuda a concentrarse, a memorizar, a calcular, desarrolla la tenacidad, el análisis, el orden en el pensamiento, la precisión.

"Así como se hace gimnasia y nadie lo ve raro, también debe haber tiempo para el pensamiento. Lo que hago en la academia es darles el ajedrez como hubiera querido que me lo dieran a mí, con títeres, con juegos. En ningún momento el propósito es que sean campeones, pero algunos de ellos están en camino de serlo.

"La gente piensa que lograr un pensamiento lógico y analítico es matar la fantasía. La fantasía tiene un proceso, no se es fantasioso porque sí, se es fantasioso cuando se tiene experiencia, es falso que se cree con la mente vacía".

Adriana familiar

"Muchas personas influyen en mí. Mi esposo, lo que dice, la forma como ve la vida. Las cosas que dicen los niños. Pienso que no hay que buscar personas complejas, hay que ir a lo simple. El adulto se pasa la vida buscando lo simple.

"Mucho de lo que soy se lo debo a mi familia. Ellos hacen fuerza por mí, me ayudan. Si yo no hubiera nacido en esa familia tal vez no sería lo que soy.

"Cuando mi maestro de ajedrez se murió yo me estaba enloqueciendo. Se llamaba Eliécer Bojacá. Me entrenó los últimos seis meses de su vida, me hizo como ajedrecista".

"Después de su muerte yo pensaba dejar el ajedrez. Un hermano me dijo que si no me parecía triste que, alguien que me había dado tanto, yo decidiera olvidarlo".

Adriana contra la muerte

"La muerte no la entiendo, y como no la entiendo, prefiero vivir haciendo. Hacer, para mí, es una obsesión. Soy terca, metida en distintos campos.

"Espero escribir algún día un libro sobre ajedrez.

"En ajedrez me gustaría ser Gran Maestra, pero el medio no ayuda. Se demorará más de lo normal, pero llegará. No dejaré el ajedrez, lo practicaré hasta los 82 años, a los 83 me retiro. Es como decir que deje la literatura o que no vuelva a oír música.

"En el trabajo, quisiera producir el programa exacto que ayude al pensamiento de los niños.

"Sueño con frecuencia con los niños, el niño es lo mejor que se ha inventado. Los adultos también me caen bien… me caen bien porque hacen niños (mentiras, es una broma pesada)".

Adriana decidida a no perder

"Tengo un recuerdo muy significativo para mí. Tenía cuatro años. Recuerdo el lugar, recuerdo el momento y casi hasta la hora del día.

"Pensé, me dije, me prometí que iba a vivir la vida bien, sin equivocaciones, haciendo algo positivo, algo fructífero.

"Ese recuerdo me ha golpeado mucho.

"Me pregunto por qué a los 4 años se me ocurrió pensar en eso. Es obvio que mi familia influyó, pero no por eso deja de ser extraño.

"Me impactó tanto que aún lo recuerdo. Recuerdo la sensación, como cuando me siento en una partida y me digo voy a ganar. Estaba sola en la habitación, paradita, mirando nada. Era como una promesa".

Adriana y el azar

"La suerte no es que uno haya nacido con suerte", dice con gesto relajado. "Uno trabaja, uno labora y la suerte le llega".

Atrás ha quedado la inexpresividad de la última partida. Al final, después de las tablas con Gloria Zapata, las jugadoras se han quedado discutiendo amablemente el juego, planteándose posibilidades.

Después, Adriana ha sonreído a las personas que se le acercan a felicitarla, oficialmente es la campeona. Ha permitido que le tomen fotos y finalmente ha caminado a la salita de la entrevista.

Allí, de espaldas a un mar que resplandece detrás de unos vidrios opacos, Adriana nos ha ido presentando las figuras que componen los azares de su vida.

Y, después de las sonrisas, de las muecas divertidas, se detiene y dice: "¡Oye!, de verdad que tengo suerte", y en sus ojos de colores se dibuja una figura diferente.

Suplemento *Dominical, El Universal*
Noviembre 7 de 1993

UN BARCO LLAMADO ESPERANZA

I. Sarah Thompson decidió quedarse

¡Tierra!

Poco después del mediodía, Cartagena fue sorprendida por la presencia de un barco en el horizonte. Desde lejos parecía un alcatraz que flotaba sobre las olas mientras hacía la digestión. Pero no. Era un barco. Un barco que con el tiempo sería tan conocido por Cartagena que todo el mundo sabría el significado de la palabra 'Hope'.

A bordo viajaba la incertidumbre. La mayoría eran jóvenes que no tenían más de una semana de conocerse. Caras alegres, pálidas y asustadas recibían la brisa densa y tibia, el olor a coco y a salitre que venía de esa tierra que empezaba a dibujarse en la distancia, que dejaba de ser una referencia remota e incierta (unos nombres y unos datos estudiados en el viaje) y empezaba a convertirse en un lugar de contundentes realidades.

Sólo unos pocos sabían el significado de ese instante, su extraño valor retrospectivo cuando esa tierra desconocida que tenían al frente invadiera sus vidas, entrara a navegar en sus recuerdos y su sangre.

Hope

Todo comenzó en 1958, cuando el doctor William B. Walsh, de Washington, creó el programa Health Opportunity for People Everywhere (Oportunidades de salud para personas de todas partes), Hope –palabra que a su vez significa Esperanza–, cuyo objetivo era "mejorar las relaciones entre los pueblos" a través de trabajos médicos conjuntos con países del tercer mundo que lo solicitaran.

Durante los siguientes dos años, el buque hospital U.S.S Consolation, de 15 mil toneladas, fue remodelado y rebautizado con el S.S Hope, el primer buque hospital del mundo en tiempos de paz.

El siguiente paso era pedir la ayuda de médicos, enfermeras y especialistas, para vincularse al programa como voluntarios o por salarios simbólicos. Los costos del programa serían cubiertos con donativos y el gobierno de Estados Unidos sólo aportaría lo relativo a funcionamiento y mantenimiento de la embarcación.

A las cuatro y doce minutos de la tarde del 22 de septiembre de 1960, el buque-hospital Hope salió del puerto de San Francisco a cumplir con su primera misión.

Su destino inicial era Indonesia, donde fue difícil vencer el recelo que existía en los países de Asia contra los norteamericanos, por el bombardeo al Japón y su lucha contra el comunismo.

Más difícil aun fue la estadía en Vietnam del Sur (la segunda estación del Hope, durante su primer viaje). Allí, el 4 de julio de 1961, en Saigón, comandos del Vietcong dispararon contra la nave.

Cerca de veinte países de diferentes partes del mundo solicitaron la presencia del Hope para su segundo viaje. Finalmente, el Perú fue seleccionado. A su llegada, en mayo de 1962, las personas del barco encontraron seis peruanos barbados gritándoles "Yanquis, go home". Diez meses más tarde, cuarenta y cinco mil peruanos agradecidos despedían cariñosamente al Hope.

Desde el 20 de noviembre de 1963 hasta el 16 de septiembre de 1964, el Hope permaneció en Ecuador.

Quince días después, el barco zarpaba hacia Guinea, donde estuvo once meses.

El quinto viaje del Hope fue a Nicaragua.

El 7 de febrero de 1967, en medio de una brisa delgada y fría, el barco zarpó de Philadelphia hacia Cartagena, Colombia, dando inicio a lo que muchos considerarían "la más grandiosa y memorable misión del barco Hope".

¡Tiren el ancla!

Era el 16 de febrero de 1967. El Hope acababa de detenerse en el muelle uno del Terminal. Era un poco más de las cuatro de la tarde.

Una multitud saludaba el barco. Ciento cincuenta personas llegaban en él. Algunos, asomados en el puente, empezaban a ver los detalles de ese sitio que horas antes habían visto nacer en la distancia.

Por sus mentes pasaba lo aprendido. En ese lugar, el 25 por ciento de los niños menores de cuatro años morían de desnutrición. Por supersticiones antiguas, la gente allí creía que comer mucho pescado enloquecía. Las verduras se las dejaban a los conejos. Creían que las frutas daban parásitos, y las mujeres en embarazo no comían cítricos. También creían que las bananas sólo debían consumirse durante el día, porque en la noche eran mortales.

Los que llegaban también pensaban en las palabras del doctor Lowery, que había estado en la ciudad un mes atrás haciendo los preparativos para el programa, y se había integrado al barco días antes en Miami: las condiciones en Cartagena, por los servicios públicos, por la ignorancia y la poca asistencia, eran deplorables.

Caras sudorosas y levemente quemadas sonreían desde el puente en dirección al ondular de pañuelos, sonrisas y palmas de manos que las saludaban.

Entre los que llegaban estaba Sarah Thompson, una joven enfermera de Cincinnati, Ohio, que hacía su segundo viaje en el Hope. El momento del arribo fue para ella inolvidable, aunque todavía no sabía que llegaba para quedarse.

Para ella sólo era una llegada emocionante a un país desconocido, un momento de expectativa, de susto, de miedo a enfrentarse a lo extraño, a otras costumbres, a unas caras que nunca antes había visto y empezaban a definirse, sonrientes, amables, haciéndose entender con más gestos que palabras.

Sally

Ahora Sarah Thompson se llama Sally de Cuesta. Vive en una casa confortable en Castillogrande. Es alta y sólida como un marino noruego, y sus ojos sonríen más que su boca.

"Recuerdo perfectamente el día de la llegada, el barco aproximándose al puerto, la gente saludándonos. Había mucha gente. La bienvenida es alegre y la despedida es triste. Ese sitio terminó siendo nuestra casa. Vivíamos en el Muelle, en el Terminal".

Con una pronunciación que no abandona el inglés, advierte que ella no recuerda muchas cosas porque estaba ocupada trabajando, que puede haber otras personas que recuerden mucho más.

"Podría decirse que en el viaje se formó un instituto. Nosotros no vinimos a enseñar, todos aprendimos de todos. Los colombianos aprendieron a aplicar nuevas técnicas y nosotros a desempeñarnos en medios adversos, a trabajar con las uñas y a valernos de la medicina tropical".

La especialidad de Sally era en Salud Pública. Había adelantado estudios en la Universidad de Cincinnati y, luego de trabajar unos meses en esa ciudad, supo del programa Hope y presentó su solicitud.

Su primer viaje fue a Guinea francesa, en el año 64.

"Mi primer viaje a África fue horrible, hubo unas tempestades tremendas. Éramos jóvenes aventurándonos, sin saber dónde íbamos. Durante el viaje estudiamos el idioma y algo sobre el país. Al llegar nos encontramos con una cultura primitiva, de religión musulmana, en donde el papel de la mujer era secundario".

En Guinea había diez médicos, un dentista y unos pocos enfermeros para atender a una población de tres y medio millones de personas. Sally recuerda que de los principales logros fueron los cursos de enfermería para mujeres.

A su regreso a Estados Unidos, Sally debió quedarse en Cincinnati acompañando a su madre, que estaba enferma, y no fue al viaje del Hope a Nicaragua.

En el 67 regresó al programa y, con más experiencia, con la práctica de haber trabajado en medios muy adversos, casi desde el mismo día que llegó a Cartagena empezó a buscar la forma de cumplir con su labor.

En uno de los cocteles de bienvenida, en el barco, conoció a Carmelo Cuesta, el dueño de un taller de refrigeración con el que más tarde se casaría. "Tenía una camioneta pick-up y lo puse a trabajar enseguida"

El trabajo de Sally se hacía en los barrios, en los pueblos, en los puestos de salud. Allí inició programas de atención prenatal y postnatal, campañas de higiene y nutrición y, lo que tal vez más la llena de orgullo, por primera vez en Colombia se hicieron campañas masivas de vacunación, empleando vacunas recientemente descubiertas, como la del polio, del doctor Albert Sabin, también oriundo de Cincinnati.

Salud bajo amenaza

"Un día de inmunización comenzaba a las cinco y cuarenta y cinco de la mañana. Un largo viaje en un vehículo de doble tracción por un camino polvoriento hasta un poblado lleno de pobreza y enfermedades. La inmunización tomaba todo un día bajo el fuerte sol o las lluvias tropicales.

"El día terminaba a las siete de la noche.

"Hace algunos días, el equipo de inmunización llegó a una pequeña comunidad cerca de Cartagena y tuvo gran dificultad para procurarse pacientes. Hablaron con un policía local para hacer correr la voz. El policía llevó al equipo del Hope a los cuarteles, pero mostró poco interés en ayudar. El capitán de la policía escuchó al equipo de inmunización y luego dio a cada agente presente una pistola adicional y les ordenó recorrer el pueblo y mandar a todos al camión del Hope a tomar las vacunas.

"Luego de amenazas y explicaciones, la orden del capitán fue cumplida. El pueblo entero fue llevado a la estación de inmunización. Ese día fue uno de los de mayor cantidad de vacunas aplicadas". (Reporte del barco N°2).

Leche de vaca de hierro

Con el paso de los días, el barco Hope no sólo fue un hospital y el dormitorio de las enfermeras y médicos norteamericanos, sino que se convirtió en una de las universidades más activas del país.

Cada paciente era atendido por un médico colombiano y uno norteamericano que trabajaban en equipo, aprendiendo el uno del otro. Adicionalmente, cada dos meses se rotaban grupos de especialistas norteamericanos que voluntariamente prestaban sus servicios a bordo. Estudiantes de medicina de todo el país llegaron a escuchar las conferencias que se dictaban en el barco, o a seguir, a través del circuito cerrado de televisión, las intervenciones quirúrgicas que eran aplicadas por los médicos que las realizaban.

El barco contaba con algunas comodidades que no tenían los hospitales de la ciudad. En sus cinco niveles tenía cerca de 250 camas, incluyendo las del personal de a bordo.

Contaba además con tres salas de operaciones, una unidad de cuidados intensivos, sala de rayos X, departamento de lectura con circuito cerrado de televisión, laboratorio de patología, farmacia, archivos, consultorio pediátrico, consultorios de dietistas, laboratorio de terapia del lenguaje, sala de fisioterapia, banco de sangre y laboratorios para análisis, entre otros.

Sin embargo, los programas más exitosos y que mayor aprecio y gratitud de la gente le reportaron al Hope fueron aquellos destinados a públicos masivos, en los puestos de salud, escuelas, barrios y lejanos poblados. Entre ellos estuvieron las campañas de vacunación y la vedette del programa: la vaca de hierro.

La vaca de hierro era un programa de nutrición que se prestaba a guarderías y puestos de salud. Consistía en una máquina que desalinizaba el agua de mar para luego agregarle leche en polvo y mantequilla.

La vaca de hierro producía el equivalente de 2.500 vacas de carne y hueso. Durante el tiempo que duró el programa se repartieron más de treinta mil galones de leche.

Sally recuerda: "Los niños gustaban tanto de la leche como del cartón en el que venía. Aquí entre nos, a mí esa leche no me gustó. Pero los niños sí la tomaban y les gustaba. Hacían helados con ella".

La tierra que eligió

Cuando Sally dijo que se casaba y se quedaba, muchos pusieron el grito en el cielo. Sus compañeros del barco se mostraban incrédulos y aun después, por cartas, dudaban que ella pudiera adaptarse.

"Yo era la menor de nueve hermanos. Somos una familia muy conservadora de origen alemán e irlandés, y yo fui como la oveja negra, la única que se marchó de

Cincinnati. Cuando les dije que me casaba me dijeron que lo pensara bien. Yo les dije: 'He trabajado en Colombia casi un año, sé cómo es el país y me quedo'.

"También mi suegra tenía un terror enorme. Pensaba que yo me llevaría a su hijo para Estados Unidos.

"Muchos pensaban: 'Esta gringa no va a durar', pero les demostré que sí".

Y la prueba de que "sí" es ella sentada en la sala de su casa, madre de cuatro hijos colombianos, sintiéndose muy cartagenera, hablando un español resignadamente marcado por el inglés y llena de recuerdos alegres y nostálgicos de episodios y lugares de la tierra que eligió.

"Me duele lo que ha pasado con el teatro Heredia. Logré asistir a varias cosas allá. Cuando comenzaron a remodelarlo yo estaba alegre, pero ahora estoy triste por el abandono.

"También extraño mucho el Mercado Público. Yo trabajé en Fátima y la Calle Larga, en puestos de salud, y no puedo decir lo que me dolió cuando tumbaron el Mercado de El Arsenal. Era un centro lleno de gente, íntimo. Me gustaba su folclor. Nunca pude entender por qué no podían renovarlo.

"También recuerdo con cariño a Zorba. Era nuestro local. Pequeño, intimo, oscuro. Allí íbamos las enfermeras y el personal del barco. Era nuestro centro de operaciones".

Cuando Carmelo Cuesta le propuso que se casaran, ella le dijo que no quería casarse en verano. Él le respondió: "No hay problema, vámonos para Bogotá". Y así fue. El 7 de octubre de 1967 se casaron en Bogotá y a los pocos días viajaron a Cincinnati. Sally no estuvo en la ciudad cuando se fue el barco en diciembre de ese año, pero dice que quienes le hablaron de la despedida le dijeron que hubo mucha gente y fue muy emotiva.

A comienzos del siguiente año, Sally regresó para reintegrarse al programa de voluntarios del Hope, que funcionó por varios años más en la ciudad.

Cuando decidió quedarse, una de sus razones más poderosas era que sentía que en Cartagena podía ser útil y la necesitaban. A partir de su llegada para radicarse, nunca dejaría de estar vinculada a labores de ayuda a personas necesitadas.

"Me gusta la gente. No me importa quién es, qué color tiene o qué religión. Hasta los cascarrabias son agradables. Me gusta trabajar con la gente, me gusta compartir con la gente. Una de las cosas que aprendí en el Hope es que todo el mundo tiene las mismas metas y que la mayoría de la gente quiere a su prójimo".

La conversación podría volverse interminable. Sally suspira y confiesa que hubo un momento en que pensó ser misionera. La charla podría detenerse en su afirmación de que para vivir en Cartagena hay que tener algo de excéntrico y de loco, porque hay mucho talento. Se podría hablar un poco más de la paradójica afirmación de que Estados Unidos es el país que ella más desea conocer, o insistir en su frustración porque hasta el momento no ha inventado nada, "solo un rico pudin de chocolate que ya estaba inventado". Pero es detrás del Hope que se mueven nuestros pasos y no detrás de todo lo que tenga para darnos ese mar infinito llamado realidad.

"Cuando voy por la calle me saludan. Muchas personas sonrientes pronuncian mi nombre y yo los saludo y me pregunto: ¿quién es éste? Entonces me cuentan que trabajaron en la cafetería del barco y ahora son meseros en los clubes o me dicen: 'Yo fui operado en el barco' o 'En el barco se salvó la vida de mi abuela'. Todavía la gente recuerda mucho del barco".

Hace poco, cuando hacía una labor conjunta del "Voluntariado de la luz" (que ella fundó hace diez años) y un grupo de médicos que dieron consultas y anteojos gratis, algunos se acercaron a pedir citas porque pensaron que volvía el Hope.

"Pero hay muchas cosas del barco que yo no recuerdo. Yo estaba dedicada a trabajar.

"Hay una persona con la que puedes hablar. Es lotero, trabaja enfrente del Banco Unión. Sufre de elefantiasis y debe recordar más que yo".

II. Teo se ha curado de su elefantiasis

Al amanecer empezaba a formarse una multitud frente a las puertas de hierro del Hospital Santa Clara.

Personas venidas de todos los barrios, o de fuera de la ciudad, acudían al llamado que el programa le hacía a la gente de escasos recursos, buscaban un puesto para ver si era posible que el Hope los librara de su enfermedad.

Ese era el primer paso. Allí se hacía el primer examen y se decidía si el paciente era trasladado al barco o lo atendían en consulta externa, o simplemente era rechazado porque la enfermedad no ameritaba o, en el peor de los casos, porque ya no había nada que se pudiera hacer.

De esta forma llegó Teófilo Soto Barrios al barco Hope.

Vendedores de fortuna

Temprano en las mañanas, la gente del centro se acerca a ratificar su territorio, su pequeña parcela de espacio público propio.

Una legión de personas madruga a vender de todo. Frutas, mariscos, jugos, periódicos, agua, lotería (números que son puertas a la riqueza o a una nueva decepción).

De todos los productos, tal vez el más extraño sea la lotería. En casi todas las calles es posible encontrar vendedores de lotería, es decir, vendedores de fortuna, vendedores de riquezas y de holguras y de placer, vendedores de paraísos y de fiestas, pero también vendedores de desencanto, de permanente ratificación de que la suerte no está de nuestro lado.

Un vendedor de todo eso es Teófilo Soto Barrios, un hombre tranquilo y sonriente que ubica su puesto en el Banco Unión, mirando de frente al palo de caucho y con la asoleada Torre del reloj a su derecha.

A simple vista, Teófilo Soto Barrios parecería un vendedor cualquiera, pero hay algo que lo diferencia, una historia en su vida que lo ha dejado marcado. Posee el dudoso mérito de ser quien mejor recuerda la visita del barco Hope a Cartagena.

Teófilo estuvo en el barco cuatro de los diez meses que el Hope permaneció en la ciudad y, más tarde, por sus medios, regresó varias mañanas a visitar ese lugar que sirvió de escenario a su resurrección.

"Por eso nadie le puede hablar tanto del barco como yo. Yo sí caminaba el buque y me daba cuenta. Yo estuve en todos los lados y lo vi todo".

La llegada

"Mis hermanos, mi mamá y mi papá hicieron las diligencias para llevarme al Hospital Santa Clara, donde hacían los exámenes. De ahí me trasladaron al barco en una ambulancia.

"El barco trajo de todo, no necesitó sino pacientes. No había que poner ni jabón. Uno no llevaba nada, no tenía que comprar nada, todo se lo daban. Me dijeron: 'Aquí solo se necesita a su persona'. A mi familia la devolvieron para la casa con mi ropa, porque desde que me recibieron me pusieron todo nuevo.

"Recuerdo que era un viernes y cuando quise llegar a la cama ya tenía exámenes de toda especie. Después me dijeron, éste es el salón, aquí tiene su toalla y su jabón.

"Lo primero fue el baño. Era grande. Limpio. Tenía dos llaves, una para agua fría y otra para agua caliente.

"Cuando me bañé, me sacaron una bata porque no me servía la ropa. Por el grosor de mis piernas yo no podía ponerme nada".

Elefantiasis

La elefantiasis deriva su nombre de la palabra elefante.

Sólo cuando estuvo a bordo del Hope, Teófilo Soto Barrios pudo conocer el nombre de su enfermedad. Cuando tenía trece años se había iniciado el engrosamiento de sus piernas que con el tiempo no le permitiría caminar.

"Yo arruiné a mis padres. Gastaron mucho dinero tratando de curarme. Cuando me veía un médico decía: 'enfermedad desconocida'.

"Yo digo la verdad: yo era un monstruo. A lo último mis piernas pesaban una arroba cada una.

"Estando en el barco un médico me dijo que mi enfermedad era el único caso que habían visto en Colombia y que era producida por un parásito que había conseguido tal vez en un fango o tierra infectada, como eso es tan pequeño no se ve. Se llama elefantitis y abunda en el África".

La operación

"Cuando llegué al barco, el médico norteamericano Baker dijo: 'Vamos a hacer la primera operación el lunes'.

"La cirugía fue a las diez y veinte.

"Me metieron en un salón y me empezaron a aplicar la anestesia. Yo abrí los ojos todo bobito y vi que me metían a la sala de la cirugía y luego recuerdo las grandes lámparas sobre mí y entonces terminaron de anestesiarme y no supe nada hasta el día siguiente que me desperté y vi mi pierna izquierda operada. Me habían quitado todo y me arroparon la piel y me hicieron un injerto.

"A los veinte días fue la segunda operación. Fue doble. Operaron la pierna derecha, los testículos y el pene. Todo lo rasparon. La operación fue televisada en el mismo barco y la iban explicando a los médicos y estudiantes que observaban en otro salón. Luego de raspar me arroparon con la piel injertada, me transformaron.

"Todo el tiempo, los médicos iban a chequearme, a mirarme, a tomarme fotografías. Me daban cigarrillos Marlboro o Lucky... y me fotografiaban. Antes de la operación, después de la primera operación, después de la otra, que terminó de liberarme de mi enfermedad, todo el tiempo me fotografiaban. Luego vino la recuperación".

El Hope

"Mi operación era la más dolorosa que había. Para fortalecer los tendones me ponían a caminar. Yo caminaba como de aquí hasta allá (dice señalando el palo de caucho) y botaba mucha sangre. Tenía que caminar diario como dos horas.

"Recuerdo que en las noches gritaba de dolor: Yo decía: 'Doña, doña, hágame el favor', y ahí mismo la enfermera se acercaba. Yo le decía: 'Mucho dolor', y ahí mismo me inyectaban.

Días después. Teo tuvo permiso para recorrer el barco a cualquier hora, era parte de su tratamiento. Podía subir y bajar a la hora que fuera. "Toda esa gente era chévere conmigo. Cualquier cosa que necesitara, ahí mismo me la daban.

"Tenían una heladería. Yo iba a comprar y me regalaban helado o sánduche.

"El barco tenía ocho pisos. Había aparatos que los médicos de aquí, médicos viejos, no conocían. Conocí a todo el mundo, marinos, médicos, enfermeras. Había gente de todo el mundo en ese barco. Había chino, japonés, alemán, gringo, y todos eran especialistas, cada uno en su rama.

"Todos los que vinieron eran profesionales. Había personas que hacían piernas. Había zapateros, hacían 'sandalias' como éstas", y Teo señala las que tiene puestas, más grandes de lo normal, pero infinitamente más pequeñas que las que habría necesitado si no lo hubieran operado.

Entonces su memoria regresa al barco y sus ojos se entrecierran y brillan, como si el resplandor que reflejaran fuera el de la imagen evocada. Teo habla del Hope con algo que podría compararse al amor.

"Solamente con mirarlo así de lejos, era muy bello.

"Bello por dentro y por fuera.

"Eso no parecía un hospital, más bien parecía un salón de baile. Limpio, brillante, bonito. Ese barco era una belleza, haga de cuenta el Club Popa, cuando existía en la Plaza de la Ermita. Así de bonito.

"Allá no había malos olores, ni siquiera olor a éter. En el barco daban desodorante Lander, pero del de allá, no del de aquí mediohuevo. Todo era limpio y brillante. Nunca hubo una sábana manchada. Usted se cambiaba y al otro día tenía pijamas y sábanas nuevas, y siempre, después del baño, le echaban a uno loción y uno sentía que iba para una fiesta.

"Un buen aroma. Ese era el buque.

"Lo mismo la comida. Aquí ninguno de nosotros, por mucha plata que tenga, se come lo que se comía en el barco".

¿Dónde está el Teo?

"Cuando salí del buque, en mi casa no me conocían".

Teo estuvo interno en el barco durante cuatro meses. Inicialmente, los médicos habían previsto darle de alta el 16 de julio, pero como la pierna izquierda tardaba en sanar, sólo pudo salir doce días más tarde.

El día que salió del barco Hope, en su casa hubo una fiesta.

"Esa noche bailé. Bailé como no había podido hacerlo a causa de la enfermedad. Cuando los amigos llegaban preguntando: '¿Dónde está Teo?', no me reconocían entre las personas que bailaban. Me imaginaban postrado.

"Lo que no hice fue beber. Antes de salir del buque hospital olvidé preguntarles a los médicos si podía beber".

Números

Números. La gente se acerca a su puesto y pregunta por números. Números que tal vez soñaron, una cifra memorable o una combinación en la que se ha puesto a residir la fe. Números es lo que vende Teófilo Soto Barrios y con esos números parecen entreverarse las cifras del barco.

180 mil personas vacunadas, 51 mil personas tratadas, 717 especialistas, 17 pueblos de Bolívar, 45 barrios de Cartagena, 10 puestos de salud, 165 escuelas públicas y privadas, 21 voluntarios para continuar la tarea en la ciudad, un asombroso inventario de bondad.

Una bondad de la que a Soto Barrios le correspondió una parte. "La operación, al precio de la época, valía cincuenta mil dólares. Cuando salí me regalaron muchas cosas. Por un buen tiempo yo no necesité nada. Estuve un largo rato sirviéndome del buque".

Y para seguir con números, Teófilo Soto Barios dice que está "cien por ciento más bien de lo que estaba" y señala con orgullo sus piernas sólo un poco más gruesas de lo normal y dice: "Así salí del barco y así estoy".

La suerte

Un vendedor de suerte es Teófilo Soto Barrios, el hombre que tuvo la suerte de ser operado en el barco, suerte que no habría tenido si no se hubiera enfermado.

Como dicen por ahí: "No hay mal que por bien no venga".

"La vida y la lotería se parecen", dice Teófilo Soto Barrios. "Todo el mundo compra la lotería porque quiere ganar. Pero no es posible que todos se la ganen. La suerte es distinta pa' todos. Puede que alguien que venga y me compre la lotería salga de aquí y al rato vengan con la noticia de que está muerto, o alguien toma un billete o un quinto de manera apresurada y al otro día se entera uno de que está millonario".

Entonces, Teófilo Soto Barrios habla un poco de su suerte.

"No tengo aspiraciones. La enfermedad no me lo permite. No es como otra persona que puede pensar en esforzarse y ahorrar para progresar, para conseguir un carro o algo que le dé".

"Yo trabajo para mi enfermedad. Lo que gano lo gasto en unturas y remedios. El dinero no me alcanza para más", dice con voz resignada el primer hombre en padecer oficialmente una enfermedad a la que llama, por error o por cariño, elefantitis.

Y Teófilo Soto Barrios sigue evocando momentos del Hope y entre ellos evoca la despedida.

"Cuando llegó no cabía la gente en el muelle y fue peor cuando se fue. Dicen que había más gente que en las fiestas del 11 de noviembre.

"Saber que lo que hizo ese buque no se iba a ver más, daba mucha tristeza. Unos lloraban, entre ellos mi persona. Si no es por esa gente, no estuviera contando lo que estoy contando ahora. Sentí mucho guayabo. Una cosa que le sirve a usted, el día que se va eso es doloroso.

"Después de Cartagena el barco iba para la India y luego desaparecía, ya eso ahí se acababa".

La muerte del barco Hope

Poco antes de la partida del Hope hubo varios homenajes de reconocimiento a su labor. El doctor William B. Walsh, creador del programa, y el Médico Jefe de a bordo, Walter Rogers, fueron condecorados con la orden de San Carlos, concedida por el gobierno nacional.

El incidente, por unas declaraciones de unas enfermeras del Hope al Miami Herald, según las cuales el trato de los médicos colombianos y el estado de los hospitales eran inhumanos, no pasó de un cruce de cartas aclaratorias y pronto fue olvidado.

"Al llegar a Philadelphia un helicóptero puso sobre el barco un árbol de navidad profusamente decorado. En una de las fotos con el árbol aparece el pequeño Édgar, que fue abandonado por sus padres en Colombia, rehabilitado por el Hope y llevado a su casa por una de las enfermeras para ser adoptado por una hermana suya.

"El Hope sólo cumplió dos misiones más, en el 68 en Ceilán y en el 69 en Túnez".

Después, el presidente Nixon recortó el presupuesto porque necesitaba dinero para la guerra en Vietnam, y el sostenimiento del Hope fue retirado.

Ya no habría más barco Hope. Ya no zarparía más el barco llamado Esperanza. Quedarían los trabajos locales en la China, India y las comunidades indígenas de Laredo y Ganado en Estados Unidos.

También en Cartagena el programa siguió cuatro años más.

"Cuando decidimos continuar el programa no hubo necesidad de pedir voluntarios. Ellos se ofrecieron y afirmaron que no regresaban a casa porque se quedaban en su casa".

Más tarde, con el fin de recolectar fondos para seguir con el programa, el Hope fue subastado por partes. Digna muerte para un barco.

¡Leven el ancla!

Y el momento llegó. El Hope se marchaba, se desprendía de la ciudad como un miembro amputado. Era el mediodía del 7 de diciembre de 1967. En el aire habría podido sentirse algo como un rompimiento de tendones. Todos lloraban, reían y lloraban, porque habían sido operados o curados por las personas de ese barco, porque se separaban de seres con quienes habían estrechado lazos de amistad y de confianza.

Y lloraban. También lloraban las enfermeras en el puente del barco. Lloraban los médicos y los tripulantes. Lloraba el barco y lloraba hasta la palabra Hope.

El Hope se fue desdibujando en la distancia. Ese día había bruma porque la noche anterior había llorado lluvia. Pronto era difícil distinguir las caras. Luego ya costaba distinguir algo de ellos y más tarde el barco, a lo lejos, como un alcatraz que terminó de hacer la digestión y se dispone a alzar el vuelo, se fue perdiendo en el recuerdo rumbo al puerto de Philadelphia, para zarpar más tarde hacia Ceilán, un país que con el tiempo se llamaría Sri Lanka, "La isla resplandeciente", otro pobre paraíso de exuberancia y de vida donde reinaba la muerte.

Suplemento *Dominical. El Universal*
Julio 12 y 19 de 1992.

CARTA DE RENE HIGUITA

Que el país está jodido, todo el mundo lo sabe. Por eso las preguntas que le hicimos al arquero René Higuita no tocan directamente la situación actual ni su propia situación legal.

Le enviamos un cuestionario con cincuenta preguntas y nuestra voz de aliento. Le decíamos que muchos lo apoyaban y le preguntábamos qué música le gusta o cuáles son sus platos predilectos. Le preguntamos sobre sus recuerdos y sus sueños, sobre sus alegrías y sus llantos.

Pusimos la carta con preguntas al correo y nos pasamos los días siguientes preguntándonos dónde iría esa carta, en qué manos estaría, si ya habría cruzado por las rejas y estaba entre las manos del portero.

Era como arrojar al mar una botella con un mensaje.

La respuesta llegó mucho antes de lo que esperábamos.

* * *

"Amigo, reciba un caluroso saludo para usted y todos los que lo rodean".

Las letras de Higuita parecen balones, su estilo es directo.

"Trataré al máximo de responderle todas sus preguntas. Aquí voy, espero comprenda mi ortografía".

La primera pregunta del cuestionario era:

¿Qué lugar del mundo te gustaría conocer?

–Creo que en un lugar donde haya tranquilidad y paz, puede ser una finca, con ganado, caballos, como un lugar que aparente un zoológico.

De los que conoce ¿cuál o cuáles te han gustado más y por qué?

–Lugares hay muchos. Cada quien tiene su mundo. El mundo mío prácticamente se basa en mi tierra Colombia y todos los lugares que conozco y me gustaría conocer están acá en Colombia mi tierra. Yendo a la pregunta, me gusta Puerto Triunfo y Puerto Berrío, porque los conozco y se asimilan a mi mundo y a mi tranquilidad.

* * *

Las alegrías vienen en diferentes tamaños. Hay unas tan pequeñas que ni nos damos cuenta de que las sentimos. Hay otras, en cambio, que nos elevan hasta el aturdimiento y la tristeza.

Recibir una carta es una alegría pequeña que luego se crece o se vuelve más pequeña. De todas maneras, alegra saber que hay alguien que nos recuerda.

A veces la carta trae cuentas por pagar o noticas alentadoras. A veces las cartas son de amor. A veces, poquísimas veces en la vida, generalmente nunca, las cartas son de aquellos personajes legendarios e intangibles que han dado a nuestras vidas momentos imborrables.

* * *

¿Te gusta recordar? ¿Qué importancia les das a los recuerdos?

–Recuerdo todo y les doy mucha importancia a los recuerdos. Aunque me gusta recordar más las cosas buenas, para ponerlas en práctica con mi familia.

¿Qué momento o momentos de tu infancia son los que más gratamente recuerdas?

–En la vida hay momentos y momentos. Gratos e ingratos. Gratamente recuerdo que era de una familia muy pobre, que tenía que pedir los pasajes para ir a entrenar y lo más importante era que tenía una madre que trabajaba para darme lo mejor.

Hablando de tu infancia. Es común que cuando niño se sueñe con lo que se quiere ser. ¿Quisiste ser algo en particular?

–Quise ser médico, pero no tenía la suficiente paciencia para estudiar. De pronto, lo que soñé, en un 95% se me ha hecho realidad.

Si pudieras ser otra cosa o si pudieras vivir otra vida, ¿qué te gustaría ser?

–Seguiría jugando al fútbol. Quisiera seguir jugando fútbol.

Foto Eduardo Herrán

* * *

Cuando se recibe una carta de René Higuita, lo primero que uno piensa es que se trata de una mentira, de un error de nuestros sentidos o de una broma de los amigos.

Cuando se recuerda que nadie que haga ese tipo de bromas sabe lo del cuestionario, se comprende que es verdad, que Higuita ha respondido. Sí, Higuita, el futbolista aquel que ha elevado al país hasta el cielo, pero también lo ha deprimido.

¿Qué personaje mundial admiras? ¿Por qué?

–Siempre he dicho que admiro a mi abuela, así no sea un personaje nacional o mundial, porque de ella he aprendido lo mejor que posee un ser humano: la humildad, la verdad, la honradez, etc.

De todos los personajes famosos que has conocido ¿cuál es el que más te ha impresionado? ¿Por qué?

–No lo conozco, pero me impresiona Fidel Castro presidente de Cuba, por su personalidad.

¿Qué música te gusta? ¿Qué canción en especial y por qué?

–Toda la música me gusta 'la Conga', de Ricardo Montaner; la música de Vicente Fernández; 'Paloma del alma mía', del Gran David, 'Solo le pido a Dios', de Mercedes Sosa; el Binomio de Oro, etc.

¿Te gusta leer? ¿Qué libros te han gustado?

–Casi nunca me ha gustado leer, pero ahora toca; todos los libros me gustan y ahora más que nunca porque el mismo pueblo colombiano me los ha regalado. Sea la oportunidad para agradecer a todas las personas que han mostrado su solidaridad por medio de cartas y libros.

* * *

Lee uno el nombre René Higuita en la esquina de ese sobre azul cuadrado y recuerda la noche del 31 de mayo del año 89.

El país entero estaba en juego.

Por primera vez un equipo colombiano –Colombia, mejor dicho– tenía la posibilidad de ganar una Copa Libertadores de América.

El equipo debía ganar en el tiempo reglamentario y ganó. Vino luego el tiempo extra y se mantuvo el marcador. Finalmente llegaron los tiros desde el punto de penal, y Colombia empezó a vivir uno de los episodios más tensos y alegres de su historia presente.

Y empezó Higuita a tapar penales.

Uno, dos, tres, ya nadie recuerda cuántos.

Y sus compañeros se equivocaban al patear y él tapaba. La pelota era absorbida por sus manos, como si se le entregara.

Penal, tras penal, Colombia lloró y se rio histérica.

La gente brincaba y gritaba. Veía las lentas ceremonias de cada cobro. Algunos, en el instante preciso, se negaban a mirar.

Esa noche los relojes se pararon. En el aire se trenzaban insultos y oraciones. "Este Higuita es el mejor portero del mundo", exclamaron algunos, intentando inútilmente moldear con sus palabras la grandeza de ese instante.

Algunos secretamente desearon que los jugadores del Nacional siguieran equivocándose, para que René Higuita lo siguiera salvando.

Pero los nervios de los hombres se fatigan y algunos suplicaban que ese infierno de esperanzas alentadas y pospuestas terminara.

Y después pateó Leonel y Colombia se abrazó.

Ese día comprendimos que también era posible derrotar a la derrota.

* * *

¿Cuál o cuáles son tus comidas preferidas?

–La bandeja paisa, el mondongo, la cazuela de mariscos, el ajiaco, en fin, me gusta todo.

¿Cuáles son los valores que quieres inculcarle a tus hijos?

–Que sean hombres de bien y que luchen por salir adelante en todo lo que se propongan.

¿Has pensado cómo serás dentro de veinte o treinta años? ¿Qué te gustaría hacer en esa época?

–No he pensado. Pienso más en el presente que en el futuro. Después de determinada edad, dedicarme a mi familia.

¿Has llegado a sentirte cansado del fútbol? ¿Has pensado renunciar a él?

–El cansancio del fútbol no le he sentido. He sentido más el cansancio mental que ocasionan algunos medios periodísticos y de comunicación. Renuncio más fácil a la prensa que al fútbol.

¿Te preocupa que mucha gente te olvide?

–No, no me preocupa. Al fin y al cabo, la vida está muy agradecida con mi persona. Hay mucha gente que muere sin aportar un granito de arena a su patria. Yo he aportado mucho, entonces estoy tranquilo con Dios y conmigo mismo.

¿Qué retos te has puesto hacia el futuro?

–Los retos míos siempre han sido ser el mejor en lo que me proponga, seguir siendo el mejor.

¿Te gustaría escribir la historia de tu vida?

–La estoy escribiendo. Muy pronto saldrá un libro.

¿Has pensado en la muerte?

–No, en ningún momento, ni me gustaría pensar. Todavía pienso que me quedan muchas cosas para aportar a mi país.

¿Qué piensas de ella?

–No pienso nada. No se la deseo a nadie y, como anteriormente lo dije, no me gusta pensar en ella.

¿Cuántos años te gustaría vivir?

–Todos los años que mi Dios me dé.

¿Qué escribirías en tu tumba de epitafio?

–Que escriba mi familia y mi pueblo.

¿Cuáles crees que son tus mejores virtudes?

–No me gusta hablar de mí, que hablen los que me conocen.

¿Crees en el zodíaco?

–Soy muy positivo. Lo leo y si me dice cosas interesantes las creo; si no, lo paso desapercibido.

¿Qué signo zodiacal eres?

–Virgo.

¿Qué características de ese signo tienes?

–Que me gusta ser perfecto y puntual.

¿Hay algún refrán que recuerdas con frecuencia?

–A un árbol sin fruto no le tiran piedras.

* * *

Las respuestas de Higuita llegaron en tres hojas de block rayado.

Sus frases son claras. No tienen tachones. La 'y' se parece a un arquero volando, la 'i' es como un uno que está cabeceando.

* * *

¿Lloras con frecuencia?

–No, pero lloran los guaduales, no vamos a llorar los colombianos que estamos llenos de sentimiento.

¿Has llorado por el fútbol?

–He llorado por el fútbol, por mi pueblo y por la injusticia.

* * *

Tal vez con las hojas de ese block, Higuita ha respondido a las cartas que la gente le ha mandado. Tal vez ha escrito su vida. Tal vez ha dibujado.

Es posible imaginarlo recostado en una cama, llevándose el bolígrafo a la boca, pensando y escribiendo las respuestas en las hojas.

* * *

¿Cuál crees que ha sido tu mejor momento deportivo?

–Todos los momentos en mi deporte han sido buenos, los mejores. Cada día que lo practico es excelente.

¿Cuáles jugadas o actuaciones son las que mejor te han hecho sentir?

–No me voy ni por momentos ni por jugadas, lo mejor es estar cada día luchando el pago por mi familia.

Antes de tu viaje a España era más evidente que te habías puesto el reto de hacer un gol de arco a arco. Recuerdo particularmente un partido con el Junior en Medellín en el que tu llegada al arco de Carrabs (tu antiguo compañero de equipo) terminó en una jugada que para algunos fue pena máxima. ¿Qué tan importante era ese reto en esa época?, ¿qué significa ahora?

–La vida está llena de retos y creo que es un reto que tengo a nivel deportivo, mas no una obligación. Yo me divierto con el fútbol y todos los partidos y las jugadas tienen un significado especial.

Una de las características que mayor éxito y admiración te ha dado es el coraje para enfrentar situaciones de riesgo. ¿Para ti qué significa el miedo?

–El miedo lo tomo como respeto.

¿A qué le temes?

–A la injusticia, a la falsedad, a la mentira.

¿A qué crees que se debe tu seguridad?

–A la tranquilidad de conciencia.

* * *

Allí, en ese extraño episodio que le ha dado la vida, René Higuita ha tenido la oportunidad de recibir la gratitud de mucha gente para él desconocida.

Al silencio en ese sitio en el que añora la alegría de un estadio, han llegado una a una las voces distinguibles de personas que antes para él no tenían nombre, que eran sólo tribunas enloquecidas o millares de sonrisas.

Hay algo de paradójico en que tal vez sólo ahora se esté comunicando con esa multitud que lo quiere como a un hijo, un amigo o un hermano, que ha vivido sus jugadas frente a un televisor o ha gritado su nombre en los estadios.

* * *

Una de las relaciones más difíciles y a la vez más gratificante es la que se da con el público. ¿Cómo te sentiste cuando empezó la fama?

–Siempre me he sentido muy bien y, a Dios gracias, creo que he respondido a las expectativas de la fama.

¿Te asustó? ¿Sentiste que te hacía cambiar?

–No, en ningún momento, antes me fortaleció espiritualmente, me hacía cambiar la pobreza y me daba estabilidad económica.

En el estadio, cuando la gente grita tu nombre, ¿qué sientes?

–Una emoción muy grande, ganas y deseos de hacer mejor las cosas.

¿Cómo definirías la fama?

–Como una responsabilidad y como una bendición de Dios.

* * *

Hay un lugar de la memoria en el que viven los recuerdos imborrables. Allí están nuestros seres queridos, nuestras luchas, las dichas personales y unas pocas alegrías colectivas.

Sólo el fútbol ha logrado que Colombia sea feliz.

Sólo esa rodante ceremonia ha conseguido borrar las diferencias y rencores, ha hecho que tengamos las mismas ilusiones.

Ni el líder con más carisma, ni el artista más fecundo, nos ha dado los éxtasis unánimes que nos ha dado el fútbol.

Es por eso que Higuita se ha metido en la memoria de millones de personas. A ese sitio donde habitan los recuerdos más profundos han llegado sus tapadas, las salidas de su arco, la alegría que le ha dado a mucha gente que hoy lo apoya con sus cartas, mucha gente que le dice que lo admira, que recuerda sus jugadas, mucha gente que desea que esté fuera de la cárcel y regrese a regalarles más momentos memorables.

* * *

¿Quién o quiénes han sido las personas que mejor te han aconsejado?

–Todos. Los que tengo más cerca y los que no me conocen. Quienes más me aconsejan son los técnicos, mi abuela y los directivos del Nacional. En fin, todo el mundo, porque me quieren.

¿De los futbolistas que has conocido a cuál admiras más como persona?, ¿a cuál como jugador?

–A todos los futbolistas los admiro como deportistas y como personas.

¿Si se apareciera el genio de la lámpara de Aladino qué deseos le pedirías?

–Que no hubiera guerras, injusticias, que hubiera empleo y que no hubiera tanta pobreza.

¿Qué significa para ti tu cabellera?

–Para mí es un símbolo de fe y fuerza.

¿A qué le tienes fe?

–A la Biblia y a mi abuela y al pueblo colombiano.

¿Tienes supersticiones?

–De pronto en mi modo de vestir.

¿Cómo definirías a Colombia?

–Colombia es un país con gente muy buena pero desafortunadamente el gobierno no explota esas virtudes de los colombianos.

* * *

Y ya que cada uno conserva con cariño sus recuerdos y sus propias gratitudes, prefiero las salidas de los arcos, una en particular.

Sucedió hace unos cinco años. Higuita era famosa pero no tanto. Ya había pasado el éxito de la selección juvenil de Marroquín en Asunción y la Copa América en Buenos Aires –donde el fútbol colombiano empezó a ser respetado–, pero faltaban retos importantes. Nacional debía llegar a la Copa Libertadores para que finalmente la fama se desbordara.

Era un partido entre Nacional y Junior. El partido iba uno a uno y faltaban como quince minutos para que terminara.

Esa tarde había llovido.

El balón le quedó a Higuita en su área grande y nadie fue a presionarlo. Entonces decidió salir jugando.

Para muchos ya esas salidas eran normales.

Casi nadie recuerda en qué momento Higuita llegó a la mitad de la cancha, en qué momento siguió de largo.

De pronto, la gente empezó a salir de su embotamiento, los testigos de ese hecho empezaron a pensar que algo asombroso e inusual estaba sucediendo.

Algunos respiraron tranquilos porque pocos metros después de la mitad de la cancha, ante el naciente estupor de compañeros y rivales, Higuita le pasó el balón al más veterano y sapiente de su equipo.

Alexis García tal vez nunca olvide esa tarde en que Higuita salió de su arco, pasó la mitad de la cancha y le entregó el balón. Tal vez nunca olvide las ganas de reír y gritar que sintió cuando vio que ese hombre de negro y de gris y melena alborotada, en lugar de regresar, avanzó a la punta izquierda y con gestos le pidió que le entregara el balón. Que se lo entregara él, Alexis de la cordura.

Y la cordura sucumbió. Alexis le dio el balón e Higuita siguió hacia el área, siguió jugando, siguió corriendo, siguió driblando rivales petrificados.

Todo el estadio se puso de pie, miraba horrorizado y fascinado ese homenaje a la desmesura. Daba ganas de llorar viendo a Higuita jugar así.

Hay momentos en la vida que duran pocos segundos y, sin embargo, es posible sentarse a recordarlos durante horas.

Higuita entró al área. Mucha gente a esas alturas deliraba. Algunos, pensando en el contragolpe, dejaban todo vestigio de sensatez: "Si nos hacen gol, que lo hagan".

En el fútbol, cuando una jugada se encumbra hasta lo divino, se acostumbra decir que la jugada pagó el partido. Yo diría que ese instante justificó haber vivido.

Es posible que otras personas tengan entre sus recuerdos una jugada distinta, pero –en mi caso personal– las otras no tenían el encanto de estarlas presenciando en el lugar, de estar allí sintiendo el palpitar del corazón de ese portero que ya mira frente a frente al otro arquero y se prepara a rematar.

Luego vino la falta. Pero el árbitro, al no pitar pena máxima, no estuvo a la altura de las circunstancias.

Higuita quedó en el suelo, bajo la sombra del arco.

Permaneció allí varios minutos. Exhausto. Feliz. Oyendo la alegría de su gente, besando y oliendo la grama de su gloria, el aroma mojado de su tierra, y se dejó dormir.

Tuvieron que despertarlo para seguir el partido. Pero no hubo más partido. Ambos equipos jugaron nerviosos, sin decisión, aturdidos por lo que habían visto.

En la tribuna, la gente no paró de gritar. El juego ya no interesaba. Ya no podía haber nada capaz de superar lo que acababan de vivir. Hasta un gol, a esas alturas, podía resultar inoportuno.

La tarde terminó en medio de brazos sudorosos levantados y gritos y cojines arrojados por los aires y abrazos y besos y risas y llantos, y un propósito aturdido entre la gente, la promesa de que un día tendría que dejar el testimonio del milagro de un Higuita rutilante. Tendría que obligar a mis palabras a decir eso que vi en aquella tarde. Tendría que mostrar ese momento en que nos dijo sin palabras que también era posible atreverse a lo más grande.

En ese momento, en esa tribuna de seres felices mirando a ese hombre de gris extendido en la grama, un Higuita pequeñito entró corriendo en cada corazón acelerado, traspasó la línea media del olvido, avanzó por un costado, y siguió con su balón y su carrera hasta el sitio más lejano, ese sitio donde habitan los recuerdos imborrables, los seres y momentos que le han dado a nuestra vida motivos y esperanzas.

* * *

¿Qué será lo primero que harás cuando salgas?

–Pienso descansar mentalmente siquiera unos cinco días, si hay tiempo. Si no, directamente a seguir entrenando y a jugar.

El Universal
Agosto 16 y 23 de 1993

Ramón de Zubiría

"NO HE HECHO OTRA COSA QUE RECIBIR AFECTO"

Seis pisos más arriba, una mujer de sonrisa amable nos abre la puerta del ascensor y nos muestra el camino hacia la biblioteca. Bueno, el apartamento en sí es una enorme biblioteca –sus pasillos están llenos de estantes con libros, casi todos empastados en rojo y azul–, pero hay un salón abierto alrededor del cual parece gravitar todo.

–Qué más, viejo –dice Ramón de Zubiría con un tono que rompe barreras. Está en una silla de espaldar levemente inclinado. Lo rodean sus libros, un equipo de sonido y un proyector de cine. Su voz, su actitud y sus gestos resultan sumamente familiares, remiten a ese insólito programa de televisión en que él y otro señor han hablado durante más de quince años sobre lo divino y lo humano, para que millones de personas distintas y distantes se sienten a verlos y a escucharlos.

Esta vez el programa es en vivo, sin comerciales y sin uno de los contertulios. Nos interesa el que apoya en su bastón sus manos replegadas, aquel que más sonríe, el que tiene más gracia. Nos interesa el cartagenero, el hombre de letras, el educador, el pensador, el artista de la conversación y todas las acepciones, conocidas e insospechadas de ese hombre de cuerpo detenido y rostro expresivo y ágil.

La primera pregunta es sobre libros.

De libros y muertes

"La biblioteca debe estar compuesta por los libros que uno ama, y con los cuales uno quiere vivir y morir. La gente olvida que un libro no es un objeto, es un ser humano que está ahí, que no traiciona. Entonces, imagínese, está uno sentado y dice: 'Óigame señor Aristóteles, usted podría explicarme tal cosa', y el hombre amablemente dice: 'Con mucho gusto'. Y así baja Platón, así baja el otro, y es un prodigio tener al alcance de la mano –en una pequeña biblioteca privada o en una pública– la más alta lucidez, belleza, brillantez, profundidad, en la expresión de la especie humana, es una cosa...".

La frase termina con un gesto superlativo en el que participan la boca, los ojos, las cejas, las orejas y el cuero cabelludo. Ramón de Zubiría baja su mirada azul hasta el libro que tiene en la mano. El dedo índice se hunde en el purgatorio de Dante, donde Manfredo habla del momento de su muerte y del arrepentimiento con que invocó la misericordia de Dios.

"Pero voy a decir más sobre los libros. La biblioteca no es solamente aquellos libros con los que uno quiere vivir –los que ayudan a vivir–, hay algo que hemos olvidado: los libros nos ayudan a bien morir.

"A mí me llama la atención, ahora que se habla del derecho a la vida, que a nadie le oigo mencionar el derecho a la propia muerte. A mí me parece de las monstruosidades más grandes que un ser humano vaya tranquilamente por la calle y que por equis razón –porque estalla una bomba o un miserable llega por detrás y le dispara una pistola–, no se le permita vivir su muerte. Cómo es posible que se le prive a un ser humano de ese derecho".

Archivo *El Universal*

La delegación

Una delegación femenina y nutrida entra en el salón de la biblioteca. A la cabeza viene Carmen, la esposa de Ramón de Zubiría –"la mejor parte de mi vida", dirá él más tarde–, una mujer breve de rostro apacible y movimientos suaves. Con ella viene Cielo, la empleada que nos abrió la puerta del ascensor, y una niña que asoma sus ojos curiosos y enormes entre las mujeres.

Después de una charla sobre bebidas y temperaturas, las mujeres se alejan y queda la niña. Mira con insistencia hacia la mesa que está al lado de Ramón de Zubiría. Finalmente se aleja.

La segunda pregunta es sobre infancias.

En un mundo de artefactos

"Hablando de los robos que le pueden hacer a una vida, a mí me eriza pensar que el esplendor deslumbrante del mundo se lo reduzcan a los niños a una pantalla de televisión. Mira, yo que necesitaría, no sé, cincuenta vidas para empezar a salir del deslumbramiento que me da mi tierra, porque eso es una cosa...

"Estuvimos en navidad allá y no me puedo quitar de los ojos, del alma y de la cara el azul del cielo y el mar –lo que el uno siente lo refleja el otro–, era un azul casi delirante.

"Yo digo, además, que el aire del mar Caribe entra cantando en el cerebro y no deja ninguna telaraña, todavía hay bobos buscando psiquiatra.

"Imagínate eso reducido a la pantalla de un televisor.

"Desde que el hombre estaba en las cavernas ha usado distintos artefactos –el arado es la extensión de la mano del hombre, y el cuchillo se hizo para que pudiera rasgar lo que no rasgaban los dientes, no para matar.

"Fíjate que los objetos estaban hechos para un fin determinado y eso dura todos los siglos que quieras hasta la invención de la máquina. Con la máquina de vapor ya todo es posible, eso lo puedes utilizar tú para toda clase de cosas y esa irrupción de la máquina en la relación del hombre con la naturaleza es lo que nos ha desquiciado. Yo creo que el ser humano no va a encontrar reposo mientras no se haga paz y orden –primero orden que paz–, entre naturaleza, hombre y máquina.

"¿No crees tú que se nos ha inventado un paraíso artificial? La obsesión de la gente de hoy es rodearse de todas las máquinas imaginables. Mira, hablando de los niños otra vez, a mí me dio escalofrío cuando una madre le decía a una criatura: 'Bueno, mira, vamos hoy a una finca, allá hay de todo, vas a ver unos pájaros, vas a ver unos caballitos y vas a montar'; bueno, desbordada haciéndole el anticipo de lo que iba a ver, y el niño, frío, se voltea y dice: 'Yo lo que quiero es ver televisión'.

"Parece una anécdota tonta, pero me abrió brutalmente la inquietud profunda de eso que estamos hablando: ¿Cómo va a ser el hombre de mañana con unos niños a quienes las alegrías naturales se las han reemplazado por alegrías que son artificiales? Si no tienen la televisión y los *walkman* sienten que se les apagó el mundo.

"Eso es imperdonable, sobre todo en un país como Colombia, en un continente como el nuestro, en donde Dios, cuando hizo esto, estaba de fiesta. Uno queda asombrado con lo que le tocó a la gente de América en este paseo. Y sin embargo mira a lo que estamos lanzados. Yo digo que es el horror. El hombre actual es violento contra sí mismo –no porque se pegue un tiro, hay muchas maneras de suicidarse, la droga, todas las alienaciones que tú quieras–, después está la violencia contra el otro o los otros –porque ahora ya no hay homicidios, lo que hay son genocidios–, y está también el ecologicidio: arrasando la naturaleza. Mira hoy en los noticieros... miles y miles y miles de peces muertos en el Laguito, en Cartagena. Es la visión más espantosa, dantesca si quieres".

Recuerdos del paraíso

Los énfasis en su cara, el horror en su mirada, hacen que sintamos que ese instante en el que habla está el final de la agonía de un planeta que se acaba, un planeta al que él ha visto derrumbarse.

"Entonces le saltan a uno los privilegios que tuvo desde que andaba gateando. Mira, en la adolescencia, cartagenero que se respetara tenía que hacer dos cosas mínimo: voltear un bote en la mitad de la bahía y atravesar corriendo la murallita del diablo, si uno no lo hacía era un cartagenero chimbo.

"Eso hoy no se puede hacer. Si uno se baña en la bahía sale para el hospital. Esa bahía era el más inmenso acuario que un ser humano podía soñar. Uno se iba a los muelles de Manga –cuando eso el Laguito y Bocagrande no estaban poblados– y se tiraba sobre la madera de los muelles a mirar los peces, los caracoles, todo lo que se movía ahí. Ese era un mundo espectacular, de un deslumbramiento permanente.

"Mi infancia fue un privilegio que nunca terminaré de agradecer a Dios. Eso era una fiesta diaria y en todo momento. Estamos hablando de la relación con la naturaleza, pero agrégale la relación con la gente. Decir Cartagena era sinónimo de señorío, de distinción, de generosidad, hospitalidad, todo, pero con las maneras más sencillas y más descomplicadas. Ahí no había ni presunción, ni prepotencia, ni luchas de clases, ni vainas. Cuando era un niño yo siempre andaba tirado en el piso jugando con carritos y llegaba, digamos, el maestro Licero, que era un ebanista famoso en Cartagena –era un hombrazo alto, como Alejandro Durán, con unas manazas y unos dedos como vigas–, y al llegar le decían a uno: 'Levántese, venga y salude al maestro Licero', y yo me levantaba y le decía: 'Cómo está, maestro', y entonces él venía y me ponía la mano en la cabeza".

Como un mago que saca conejos de un sombrero, Ramón de Zubiría mueve manos y cejas y frente, y hace que veamos esa mano tierna y grande que acaricia su cabeza.

"Te juro que todavía la siento".

Al rescate

"De manera que estamos hablando de los rescates. No es ni siquiera preservación. Tenemos que rescatar, antes de que desaparezca, todo ese repertorio de forma de vida que hacía del cartagenero un ser humano especial".

"La violencia era una cosa absurda. Es que era tan divertido que, en las fiestas de noviembre, cuando eran 'fiestas', en los bailes en la plazuela de la Independencia, si había algún problema y alguno se engallaba, le decían: 'Mira, si quieres peliar, peliamos; pero después de fiestas'. Al cartagenero raizal le producía indignación el uso de armas blancas. La tendencia era a que la gente no peleara, pero si dos personas iban a pelear, si la indignación era mucha, la gente vigilaba que no fueran a hacer bestialidades. Como uno de los dos sacara una navaja, le caía todo el mundo encima: '¡Cobarde!, ¡Miserable!'"

Pero Ramón de Zubiría siente que no es suficiente con que él hable de la gracia y la belleza de la vida y de la gente en Cartagena. Decide buscar ayuda en los amigos que duermen en los estantes y después de indicaciones y excursiones sin zapatos por encima de un sofá, ponemos en sus manos un libro en el que se incluye la carta de un poeta que pasó por Cartagena a su madre y a su hermana en Bogotá.

La carta de José Asunción Silva (del 21 de agosto de 1894), sus descripciones del paisaje y de la gente, harían toser de orgullo a cualquier cartagenero. Queda además la sensación de que, a lo largo de su vida, Silva jamás recibió afecto y trato tan digno como los que le dieron en Cartagena esos seres bendecidos por la gracia, desde el Jefe del Estado hasta el más simple cochero.

Ramón de Zubiría amenaza con invitar a la charla al poeta nicaragüense Rubén Darío, quien, a su regreso de las celebraciones en España del cuarto centenario del descubrimiento de América, se desvío hasta Cartagena a conocer a Rafael Núñez, famoso en toda América por sus escritos políticos. Las descripciones de la ciudad y de su gente que hace Rubén Darío prometen ser magníficas, pero en el momento resulta difícil ubicar el texto.

"De manera que todo esto que estamos hablando no son evocaciones nostálgicas. Lo que tenemos por delante es una responsabilidad tremenda".

El inventario

"La primera consigna que debemos tener los cartageneros es que, si queremos futuro, el futuro que anhelamos y nos corresponde, el impulso para alcanzarlo tenemos que irlo a buscar en las raíces, en las esencias de lo que ha configurado eso que llaman una cultura.

"Yo creo que es hora de hacer el inventario".

Los recursos naturales, el paisaje, la Casa-Museo del Cabrero (por Núñez –"el cartagenero más ilustre"–, por Soledad Román "símbolo de la mujer cartagenera", por Eduardo Lemaitre), el barrio San Diego ("en San Diego hay que poner la mano también porque si no, mijo, lo acaban"), el club Cartagena ("allí sucedieron las cosas más insólitas"), el teatro Heredia ("qué es lo que no pasó por ese teatro"), el patrimonio artístico (Obregón y su casa, Grau, Cecilia Porras) el barrio Getsemaní (salvado, junto con el Parque Centenario, por el abrazo del Centro de Convenciones), las costumbres de la gente, sus tertulias callejeras, desfilan en un largo inventario de cosas a salvar.

"Todos debemos asumir una militancia ciudadana para salir a su rescate.

"Aquí estaríamos una semana hablando de las vainas que están ahí, esperando el envión. Pero si trabajáramos en llave, los que estamos acá y los que están allá (los medios, la Universidad –toda esa gente valiosa que se ha congregado en torno a la Facultad de Ciencias Humanas–), eso sí no lo para nadie.

"Cartagena es suelo sagrado", dice tratando de agolpar en una frase esa ciudad que parece tener ante sus ojos. Lleva horas hablando de ella y no se ve cansado.

"Los presidentes no ven la hora de trasladarse allá. No es por accidente que las grandes reuniones se hagan allá. Es la novia de todos".

¿Y Ramón de Zubiría?

Todo está muy bien. La charla ha transcurrido amena, inteligente, virtuosamente conducida por el entrevistado. La bebida –el clima de esa Bogotá que se ve transcurrir por la ventana de la biblioteca, carrera séptima al norte–, ya fue asimilada por el organismo. La niña ha vuelto a asomarse en la puerta del cuarto, siempre mirando hacia la mesa. Ya sabemos muchas cosas sobre Ramón de Zubiría, sus opiniones nos han dado un perfil de sus sentimientos, pero parece que falta algo.

Todo eso que usted dice sobre Cartagena está muy bien, pero, ¿no está intentando ocultarse detrás de su ciudad?

"Bueno, para no engañarte, te voy a hablar de mí. No tomará mucho tiempo. En mi vida no he hecho otra cosa que recibir afecto, por eso tengo que querer a la gente.

"Tuve el privilegio de estudiar en el colegio de la Salle, allí aprendí gramática, redacción, ortografía, inglés, francés. Fui campanero en Santo Toribio. Hice todos los deportes imaginables.

"A los 17 años, mis padres me mandaron a Estados Unidos. Iba a estudiar bacteriología, en la Universidad John Hopkins, cuando sufrí el accidente de natación. Tardé 4 años en recuperarme.

"A los 21 años pude empezar mi carrera. Mis notas en las materias teóricas eran excelentes, pero tenía problemas para los trabajos de laboratorio. Por eso fue que los directivos de la Universidad me recomendaron escoger otra carrera y me decidí por las humanidades. No había ninguna contradicción en ese cambio, todo –la bacteriología, las ciencias humanas– cabía dentro de mi idea general del conocimiento y de las ciencias.

"Así terminé estudiando las lenguas romances y sus literaturas, al lado de los escritores más brillantes de España. La guerra había hecho que muchos personajes de la generación del 27, y algunos de la del 98, Pedro Salinas, Jorge Guillén, los hermanos García Lorca, emigraran a Estados Unidos y con todos ellos tuve una amistad profunda.

"En 1953 ya era profesor de la Universidad donde había estudiado y me casé con Carmen. Carmen es lo mejor de mi vida, empezamos desde chiquitos".

Carmen

"Mi querido amigo, si a uno no lo ha tocado la centella del amor –pero del verdadero–, entonces ni se le va a encender el corazón, ni se le va a aclarar el entendimiento, y uno se vuelve pasivo.

"Pero cuando eso llega, que es un milagro, entonces, ahí sí, no lo para nadie. Es una cosa prodigiosa.

"A nosotros nos pasa como a los dúos, nadie dice Carmen o Tito sino Titoycarmen, así vamos en yunta en todo. Cuando nos casamos ella asistía a todos los cursos que yo tomaba, con esos monstruos que la querían mucho: Salinas, Guillén, los Lorca, todo el mundo. No se entiende esa vaina, el uno sin el otro.

"De manera, mi querido amigo, que cuando uno tiene ese respaldo, carajo, eso es lo que le evita a uno hacer estupideces. Pero mira que hay una compenetración tan absoluta, en todo lo que hemos hecho, que ella asiste, por vicio, a todos los cursos que yo doy.

"La gente se olvida de una cosa. Me fastidia decirlo, pero eso está en las palabras de todos los grandes poetas, el amor es siempre ascensional, eso lo pone a uno en levitación, cuando el amor llega lo levanta a uno. El enamorado quiere ser siempre mejor, en lo físico y en lo espiritual. Cuando uno ve a un tipo que anda por ahí sucio, y de pronto, lo ve afeitadísimo y oloroso, que hiede a colonia, uno le dice: '¿Y tú es que estás enamorado?'.

"Fíjate tú, hablando de los grandes poetas, Pedro Salinas, uno de los grandes de la poesía amorosa de la lengua española, tiene un poema que dice: "Tus besos son siempre elevaciones'".

De gestos y galletas

La niña se arma de valor y se acerca hasta la mesa.

–Padrino, ¿por aquí hay unas galletas? –dice, pero su pregunta sobra porque ella sabe muy bien que sí las hay. Se aleja con su bolsa de galletas, después de pedir permiso. Ramón de Zubiría sonríe con todo su rostro.

El rostro de Ramón de Zubiría merece atención especial, es elocuente y lleno de matices, marca los énfasis, comenta y se sonríe. También su voz está llena de sorpresas, se disfraza al citar a alguien, tiene silencios imprevistos y extraños cambios de ritmo que hipnotizan.

La historia de su vida había quedado en que se hizo profesor.

En la Universidad de Baltimore, Ramón de Zubiría tenía tiempo de sobra para estudiar e investigar. Allí escribió uno de sus libros más importantes, un estudio sobre la obra de Antonio Machado, que ha sido reeditado varias veces y ha contado con el reconocimiento internacional.

Aprovechando una licencia en la Universidad, Titoycarmen emprendieron un viaje de dos años por Europa. Allí volvieron a encontrarse con sus amigos españoles, con Jorge Guillén, con la familia Lorca ("eso fue la locura, teníamos una amistad estrechísima"), con Dámaso Alonso, quien le "arrebató" a Tito el trabajo sobre Machado y le dijo: "No hay peligro que otro te vaya a publicar este texto. Eso lo voy a publicar yo".

Pero junto a los españoles había un grupo selecto de colombianos.

"Estaban pendejaditas como el doctor Darío Echandía (tú te imaginas salir un domingo de excursión a cualquier ciudad de España en compañía del doctor Echandía y su mujer; hombre, eso era algo increíble), estaba el doctor

Fabio Lozano y Lozano, y Eduardo Caballero Calderón en la Embajada.

"Estando en Europa me ocurrió una cosa extraordinaria. Allá es donde uno tiene la perspectiva de las dos Américas y me saltó en el fondo del alma la pregunta: '¿Qué estaba haciendo en los Estados Unidos, gozando de unos privilegios inauditos –de profesor con seis horas de clase a la semana y el resto del tiempo para hacer lo que me diera la gana–, si miraba al lado nuestro y lo que veía era tierra de labranza pidiendo a gritos brazos que lanzaran la semilla?'.

"'Carajo, no hay derecho', pensaba yo y, mientras tanto, el doctor Lozano y toda esta gente maravillosa estaba disparándole cartas al doctor Alberto Lleras Camargo, que era el rector de la Universidad de los Andes. Entonces, Lleras Camargo me dijo: "No, mi querido amigo. Usted no se nos puede volver para allá, acá lo necesitamos más.

"Así es que, por lo que te contaba, yo no necesitaba que me empujaran. Con Carmen encontramos una fórmula: pedir licencia en mi cargo de profesor, venirme a Colombia unos dos años a dedicarme exclusivamente a la docencia, y después regresarme otro tiempo a Baltimore para seguir investigando.

"Mi idea era venir a transmitir lo que me habían dado, tirar semilla".

A su llegada a Bogotá, en el segundo semestre de 1955, Ramón de Zubiría fue nombrado en un cargo hasta ese momento inexistente: 'Decano de estudios'. "Eso parecía un exabrupto, pero como la Universidad era pequeña había un gran fervor en todo el mundo".

Pocos meses después hubo un cambio en la rectoría de la Universidad y el nuevo rector dijo que su condición para aceptar era tener a Ramón de Zubiría como vicerrector. Pero eso no fue todo. Cuando Carmen y Tito tenían los pasajes para recorrer Italia y, finalmente, regresar a Baltimore, le hicieron a Ramón la "jugarreta" de ofrecerle la rectoría. "Y me nombraron, y ahí estuve, me tocó todo lo que fue el desarrollo de la Universidad con un equipo extraordinario.

"Hasta que al otro Lleras –ese sí que fue otro amante de Cartagena– le dio la locura de nombrarme embajador en Holanda. Allá estuvimos cinco años y, cuando estaba ya en trance de regresar, me mandaron a llamar otra vez de la Universidad de los Andes, su rector, el doctor Eduardo Aldana.

"Lo que me ocurrió al regreso es una de las distinciones más abrumadoras que pueda uno recibir en cualquier parte. La Universidad me ofreció vincularme en las condiciones que yo quisiera, pero yo dije: 'No es lo que yo quiera, sino lo que ustedes necesiten'. El doctor Aldana me dijo: 'Don Ramón, aquí hay un clamor para que usted vuelva a dar cátedra, pero no para que vaya a hacer como hacía antes, cuatro o cinco cursos. Hemos acordado, unánimemente, nombrarlo a usted Profesor de la Universidad'.

"El título de Profesor de la Universidad es un título honorífico que existe en Oxford, que existe en Harvard, pero no había existido nunca en las universidades colombianas. Entonces, lo que hago es un curso muy especial en todo el campo de las humanidades que no está limitado a estudiantes de ninguna facultad. También, cuando siento que puedo colaborar como director de una tesis, lo hago. A veces es interesante cuando el trabajo es interdisciplinario.

"De manera que desde ese regreso me quedé acá, con ese título. Yo mismo me río cuando veo afuera, en la puerta de mi oficina, una plaquita que dice: 'Doctor Ramón de

Zubiría', y debajo: 'Profesor de la Universidad'. La gente dirá: 'Bueno, ¿y este loco qué hace?'".

Bueno, lo que el loco hace es lo que vio hacer desde su infancia en Cartagena por las tardes, frente a las casonas, en esas tertulias circulares mezcla de juego, de terapia y de lucha contra el olvido: conversar, hilvanar palabras, enseñar, transmitir con la gracia de su voz.

"Estaríamos una semana hablando de eso", es una de sus expresiones más frecuentes, cada vez que se asoma a un tema que le resulta apasionante. Parodiándolo, tendríamos que decir que estaríamos varios meses dejando el testimonio de una charla que duró sólo unas horas.

Habría que entrar en detalles sobre una ceremonia inolvidable en el teatro Colón –cuando la Universidad de los Andes cumplió veinte años– en la que Borges ("feliz y en compañía de su madre") y Malraux (que no pudo venir por cuestiones de salud) y Darío Echandía y Gabriel Betancur Mejía (el creador del Icetex), recibieron sus títulos Honoris Causa.

Habría que transmitir el dolor que le ha causado la muerte de Eduardo Lemaitre ("esa lanza que tenemos clavada con la muerte de Eduardo; caminaba por el filo de su alma"), o su afecto por Luis Carlos López (la proximidad que tuvieron después del accidente que cambió la vida de Ramón de Zubiría, las bromas que le hacía en el hospital), o su vinculación al desarrollo del teatro (que lo llevó a ser nombrado presidente de la Fundación Teatro Nacional), o su aporte al instituto Caro y Cuervo y a las Academias Colombianas de Historia y de la Lengua.

No es gratuito que sea precisamente su conversación lo que más lo ha dado a conocer en el país, a través de 'El pasado en el presente', un programa de televisión que ya lleva 16 años en el aire.

"Eso no lo inventamos nosotros, el que lo inventó fue Francisco 'Paco' Zubiría. Cuando le preguntaron quiénes iban a hablar, él dijo: 'Vayan ustedes a cualquier reunión y verán, por allá en una esquina, un corrillo de gente con un loco de éstos, y el otro está al otro lado. Vamos a ponerlos como a los gallos'. Ahí fue cuando yo le dije a Abelardo: 'Pues, bueno; si la televisión acabó con el arte de la conversación, vamos a usar la televisión para conversar'. Ahí qué es lo que no hemos tratado.

"Para decírtelo pues todo, yo he tratado de ser coherente en lo que hago. Uno no se puede despilfarrar haciendo esfuerzos aislados que terminan por herniarlo a uno y no producen nada. Entonces, tú tienes: la universidad, la televisión –que es la proyección a escala masiva de la universidad, ahí llegas a los niveles más insospechados–, la investigación, el teatro, luego, claro, lo que uno pública, sus propias vainas.

"¡Carajo!, se necesitan varias vidas. Pero estamos en guerra, compae".

La absolución

"Padrino, ya va a empezar la telenovela", dice la hija de Cielo, la empleada, desde la puerta de la biblioteca. Ramón de Zubiría ríe. Explica que se trata de 'Café'.

Sólo quedan por hacer unas preguntas cortas. Una de ellas busca precisar el lugar y la fecha del accidente de natación, un tema recurrente y sobreentendido a lo largo de la charla, decisivo en lo que hoy es Ramón de Zubiría.

"El accidente fue allá. Yo salí graduado de bachiller y, como te digo, la familia me mandó a Baltimore. Eso es algo que uno racionaliza mucho después. La gente se ríe cuando uno habla de misterio, yo sólo les digo que se miren al espejo y le pregunten a la imagen que quién es. Yo llegué en julio y, al mes, unos vecinos que simpatizaron con nosotros nos invitaron a su casa de campo al lado de un río, el Middle River (el río del medio).

"Después me digo: ¡Carajo!, ¿viajar miles de millas, para saltar al agua desde una embarcación en el sitio preciso donde había acumulado una especie de duna de barro? Un metro más adelante no me habría pasado nada porque el río era profundo. Es el seguro azar de que habla Salinas.

"Tardé cuatro años en mi recuperación, yendo y viniendo entre Baltimore y Cartagena. Esos años fueron absolutamente decisivos porque yo fui millonario en lo que la gente quiere, era millonario de ocio (que es diferente a la ociosidad). Con un curita de la iglesia de Santo Toribio me puse a estudiar latín. Viví bajo el mismo techo con el 'Tuerto' López, que era cónsul en Estados Unidos. Agrégale a eso las oleadas de afecto que encontré.

"Ahí es cuando uno empieza a valorar a la gente, a saber, carajo, lo que es el apoyo moral. Esos son factores decisivos en la formación mía.

"Lo único digno y respetable que uno puede hacer en la vida es tratar –no siempre se logra– de estar a la altura, de retribuir, a la vida y a su gente, todo lo que le ha dado. Esa es la cosa..."

Relaja el énfasis de su rostro, sonríe, recuerda su novela y dice:

"Después de todo esto, lo único que me toca es pedir la absolución".

Suplemento *Dominical. El Universal.*
Febrero 19 de 1995

Bernardo Caraballo

El campeón sin corona

I. Hay fiesta en casa de los Caraballo

La casa es alegre y tiene una sala amplia. Está en una calle tranquila llamada La Paz.

En la sala hay un afiche enmarcado de Pambelé. Al fondo, en el comedor, casi sobre la puerta que da a la cocina, un cartel nos invita a ver la pelea entre Caraballo y un boxeador de apellido Chartchai.

Un hijo de Bernardo Caraballo nos explica que el combate fue en Manila, Filipinas, en el año 64.

En la sala hay dos cuadros más. Tienen fotos pequeñas. Allí está el dueño de casa joven, vigoroso, elegante y de sombrero, caminando por calles de Bogotá.

Entonces un Bernardo Caraballo de cabello blanco se asoma a la puerta de un cuarto y pregunta si habrá fotos. Al saber que sí, desaparece en el cuarto después de prometer que volverá.

La casa está llena de gente. Mujeres sonrientes colocan guirnaldas. Montones de niños desfilan curiosos. Alguien ha descolgado el cuadro de Pambelé y ha puesto alegres tiras de papel blanco. Esa tarde habrá fiesta en casa de los Caraballo. Es cuatro de julio, se celebra un cumpleaños.

Hace veinticinco años

A las ocho y dieciocho de la noche del cuatro de julio de mil novecientos sesenta y siete (algo así como las cinco de la mañana en Colombia), empezó el combate por el título mundial gallo de la A.M.B entre el campeón –que hacía su cuarta defensa– Masahiko "Fighting" Harada, del Japón, y el retador –y ligero favorito en las apuestas– Bernardo Caraballo, de Cartagena, Colombia, un pueblo situado a mucha distancia de Tokio, Japón.

Harada tenía las de ganar. Era su país. Era su público el que gritaba su nombre en una de las tribunas. También era su público ese insólito sector de la concurrencia que guardaba silencio muy educado y sólo aplaudía al final de cada round.

Si la cifra dada por los organizadores de la pelea es exacta, de las once mil personas reunidas en el Nipon Budokan Hall, diez mil novecientas noventa y seis estaban a favor del japonés y sólo cuatro a favor de Caraballo.

Caraballo besó el Cristo que colgaba en su pecho, se lo entregó a su second y, después de unos instantes, el combate comenzó.

En Cartagena, Colombia, aún no salía el sol. En las calles de la madrugada, grupos de curiosos giraban como moscas en torno a los dos periódicos de la ciudad y, especialmente, a sus teletipos, a la espera de conocer el resultado de la pelea.

A esa misma hora, también, una mujer y sus tres hijos esperaban. Rezaban y esperaban.

Caraballo supo que estaba en el Japón en una pelea por el título y que había gente esperando que ganara, cuando un puño de Harada lo conectó en el primer asalto y lo derrumbó.

Eso no le gustó a Caraballo para nada. Reaccionó con tal violencia que ese round en que cayó para muchos quedó empatado.

La pelea siguió y Caraballo bailó, se movió con su agilidad legendaria. Cambió de guardia y peleó zurdo. Se movía, se agachaba, sorprendía a Harada con la rapidez de sus manos y sus pies.

Y Harada respondía. Seguía con su obstinación de japonés, conectando algunos puños rotundos sobre el baile que tenía al frente, volviendo la cara de Caraballo algo hinchado, húmedo y amoratado.

Pero Caraballo también conectaba. Llegaba con su brazo de lanza hasta la cara de piedra del japonés.

La pelea fue la primera por título mundial, en la historia, que quedaba con siete rounds empatados. Se dieron que da miedo.

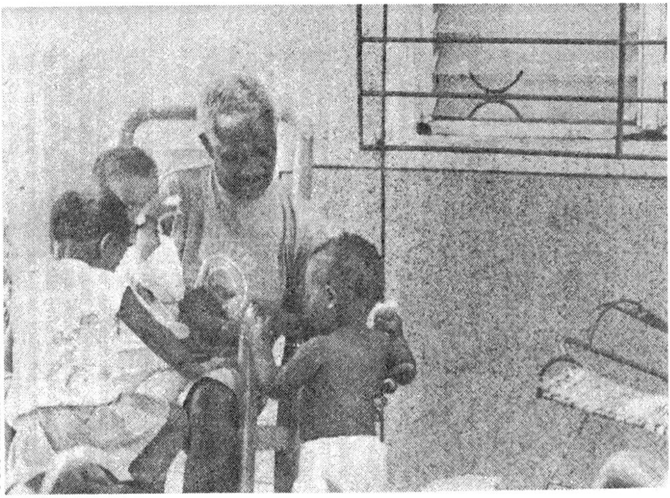

Foto Manuel Pedraza

Al final llegó el momento de escuchar el resultado. Los japoneses se miraban asustados. Los cuatro colombianos que acompañaban a Caraballo, el Embajador, el Cónsul, Camilo Morales y Sócrates Cruz, gritaban eufóricos y sudorosos. Le decían: "¡Ganamos!", y estaban convencidos de que habían ganado hasta que el presentador leyó la decisión y el árbitro alzó el brazo de Masahiko "Fighting" Harada.

Una placa de cobre grabada

Bernardo Caraballo aparece con una camiseta que tiene estampado un sol.

Como la conversación gira en torno a fotos y carteles, Bernardo Caraballo va hasta el mueble del comedor y toma una placa de cobre que está un poco empolvada. Se acerca a la puerta del patio, quita el polvo con la mano y muestra un montón de trazos grabados sobre la placa, trazos que anuncian, en un idioma incomprensible, la pelea por el título mundial en el Nipon Budokan Hall.

Caraballo señala un grupito de letras a la derecha y dice: "Ese debe ser mi nombre. Éste es el único recuerdo de esa pelea que me queda".

Entonces regresa la placa a su sitio, pasa serio por entre los preparativos de la fiesta y propone sacar a la terraza un par de mecedoras.

Luego del trasteo, instalados bajo la fresca sombra de un árbol, Caraballo se apresura a decir:

–Yo le gané a él. Lo partí en tres partes, las dos cejas y el pómulo. Esa pelea me la quitaron. A mí sólo me abrió una ceja.

Bernardo Caraballo se acerca para mostrar la cicatriz, pero no recuerda en qué ojo era. Al final cree recordar que era el izquierdo y una leve rayita, una cicatriz invisible, es lo único que le queda de los puños de Masahiko "Fighting" Harada.

Pero Caraballo no recuerda ese episodio con rabia. Recuerda, más bien, lo feliz que se sintió. Había terminado exitosamente la primera pelea a quince rounds de su vida. Cuando el juez levantó la mano de Harada, el mismo Caraballo buscó al japonés y también se la levantó. "Yo le levanté la mano, sentí emoción, bastante alegría".

El japonés devolvió la atención visitándolo más tarde en el camerino. "Me dijo que yo era muy buen boxeador, que tenía bastante rapidez de piernas y de manos".

Fue la última vez que hablaron. Antes, sólo había conversado con él una vez, cuando los presentaron en una reunión. "Él tenía intérprete. Me dijo que me daba suerte, pero que él era el campeón".

"Dos días después de la pelea sí me sentí triste".

Sócrates Cruz, Camilo Morales y él permanecieron tres días más en el hotel Fairmont, al que habían llegado quince días antes de la pelea. Luego viajaron a Colombia en un avión de Pan American que aterrizó en el aeropuerto de Soledad.

Esa noche durmió en Barranquilla y al día siguiente salió para Cartagena "por vía".

En el retén de doña Manuela, a la entrada de la ciudad, había gente que esperaba su llegada. Acompañaron su carro corriendo detrás de él. Poco a poco la multitud era mayor. Pronto se formó una enorme caravana que recorrió la ciudad antes de acompañarlo hasta su casa. En medio del entusiasmo, la gente empezó a llamarlo el Campeón sin Corona.

"Lo que era la fanaticada", dice con su voz leve Bernardo Caraballo. "Todavía soy su campeón pa'ellos. En la calle me saludan, me dicen: 'Caraballo, adiós', 'Campeón, adiós'.

Gracias a Dios todavía tengo un poco de imagen. Todavía el pueblo no me ha olvidado".

Una carrera

"Hice 124 peleas profesionales. Perdí diez y empaté como tres. Noquié a más de treinta y pico. Pelié dos veces por el título. La primera vez fue contra Eder Jofre en Bogotá. En esa pelea perdí por nocaut en el séptimo round. Era la primera pelea que perdía en mi vida".

Y para terminar una pelea

"El día de esa pelea por el título, contra Eder Jofre, en Bogotá, me pusieron a rebajar. Cuando me pesaron, a las doce del día, di 120 libras, o sea dos libras de más. Subí a Monserrate trotando y después me metieron dos horas en unos baños turcos. Di el peso necesario, pero me debilité. Fue en el Campín. El estadio estaba lleno. Llegaron personas de todos los departamentos de Colombia".

Momentos

"Mi primera pelea como boxeador fue en Turbaco, en el 58. Era a tres rounds y gané por puntos.

"Empecé a boxear por el factor económico. Tenía que hacerlo. Me inició Humberto Caraballo, mi hermano. Él me llevó al gimnasio. El que me enseñó fue Julio Carvajal Salamanca, un chileno que vivía en la ciudad.

"La última pelea fue en el 77, en Chile, con Astorga (era el campeón Centroamericano y del Caribe del peso pluma, pero el título no estaba en disputa). Le gané por decisión. Luego me retiré porque entré a trabajar a Colpuertos y la señora mía me dijo que no peliara más, que me dedicara a mi trabajo.

"Luego hice otra pelea en el Circo–teatro, de exhibición, con el difunto Víctor Cano.

"El boxeador al que más golpes le he dado fue el Pato Fuentes, de El Salvador, en San Salvador. Le gané por decisión en diez rounds. Lo tumbé tres veces y terminó los diez rounds parado, de pie.

"La vez que más maltratado quedé fue con Chartchai, en Manila, Filipinas. Me cerró el ojo, me partió la boca y, sin embargo, yo gané por decisión. Figúrese él cómo quedó. Eso fue una pelea tremenda".

Y después de esas palabras, es posible comprender por qué, entre todos los recuerdos, el cartel de esa pelea es el que con mayor orgullo se conserva en esa casa. Allá en lo alto de una pared del comedor está el testimonio más elocuente, para la familia Caraballo, de que los recuerdos más profundos que deja el boxeo son recuerdos de dolor.

II. Ganadores y perdedores

La charla continúa bajo la sombra de los árboles que están frente a la casa de Bernardo Caraballo.

Al frente transcurre tranquila la calle La Paz.

Adentro, en la casa, siguen los preparativos para la fiesta. Para muchos ha llegado la hora de bañarse.

Luego de que Caraballo recordara que el combate en el que más lo habían golpeado fue el que le ganó en Filipinas a Chartchai, habíamos concluido que tal vez por ese hecho el cartel de esa pelea era el único que permanecía en las paredes de esa casa, por ser el que mejor expresa la esencia del boxeo, por ser un elocuente testimonio de dolor.

Pero hay también placer en torno a ese dolor.

Bernardo Caraballo afirma con orgullo que conoció más de cuarenta y ocho países y que uno de sus sueños es poder regresar.

La extraordinaria

"Teniendo dinero me gustaría ir a las partes donde estuve, para recordar".

"Por eso todos los meses compro la Extraordinaria, para ver si me la saco para poder viajar".

"Iría a Manila, a Hawai, Honolulú, a Los Angeles, a Las Vegas. Me gustaría pasear otra vez por el Oriente. Esa vaina es bonita, las costumbres son distintas...". Y entonces Caraballo se acerca y pregunta casi en secreto: "¿Por qué será que en el Oriente la gente es más civilizada?".

"El lugar que más recuerdo es una playa llamada City Boulevard, en Manila, Filipinas. Son las siete de la noche y yo estoy tomando gaseosa y comiendo maní con concha".

Entonces Caraballo se recuesta, habla como si estuviera viendo lo que menciona. Describe con deleite un paraíso que el tiempo no le ha podido arrebatar.

"Es una playa larguísima que es como del aeropuerto al hotel Caribe. Por una avenida pasan unos buses de dos plantas. Abajo van los esposos y arriba van los novios".

Caraballo parece despertar. Regresan sus preguntas sobre Oriente que nadie le ha podido contestar: "¿Por qué tiene que ser esa cultura así? Nosotros vamos todos revueltos".

La pelea

La vida es una pelea que se gana o se pierde por puntos o por nocaut. Caraballo parece que la va ganando y con Knock-down, en el momento en que derrotó a Masahiko

"Fighting" Harada y el peso de una corona no se vino sobre él.

Qué alivio no tener en la cabeza una corona. Las coronas, el éxito y la gloria embriagan y trastornan. A unos los hace derrochar lo que obtuvieron con unos cuantos golpes. A otros, los pone a seguir peleando para proteger una fortuna de los pícaros. Pero a muy pocos los deja tranquilos, cumplidores del deber y pensando en el futuro de sus nietos, herederos de su tradición.

El hijo del panadero

Ahora las manos de Caraballo no golpean a nadie. Estrechan cariñosas las manos de un muchacho que se ha acercado con su padre y con un brillo en los ojos repletos de admiración.

El padre del joven le pregunta a Caraballo que si se acuerda de cuando eran jóvenes y vendían juntos pan. Caraballo intenta recordar.

Mientras tanto, el hombre dice que a su hijo le gusta el boxeo, que lo practica y que quería conocerlo.

Caraballo saluda al joven con una sonrisa dulce y mirándolo a los ojos. El muchacho tiembla de orgullo. Está apretando la mano de Caraballo, el primer Campeón Mundial.

El hombre se despide y se marcha con su hijo, no sin antes recordarle a Caraballo lo del pan.

Caraballo los mira alejarse y luego se vuelve a decir en secreto: "El crio a sus hijos a su modo y yo lo hice al mío. Eso es el mundo. Cuando éramos jóvenes vendíamos pan y yo no tengo ningún problema en saludarlo. No me cuesta nada ser amable y si le hago un desaire se lleva una mala impresión".

Harada me debe recordar

"No sé qué será de la vida de Harada. La últimas vez que hablamos fue después de la pelea, en el camerino".

"Me imagino yo acá que debe estar bien. Fue campeón mundial mosca, gallo y pluma y, donde quiera que esté, se debe acordar de mí".

La campana

Hoy en día Caraballo piensa en su jubilación. Trabaja en el Terminal, donde sigue trayendo y llevando mensajes.

La casa en que vive la compró con la plata que se ganó peleando con Mimún Ben Alí, al que le ganó por decisión, a comienzos de 1967, en Bogotá. De esa pelea recuerda con orgullo que entre el público estaba "el presidente de la República de Colombia, Guillermo León Valencia".

La casa la compró por 16 mil pesos. "Este barrio era de gente bien. Aquí vivían los Caballero, los Guarriza, los Chalela, que ahora están viviendo en Bocagrande".

Caraballo construyó seis piezas al lado de la casa y se burla porque ahora a las piezas les dicen apartamentos.

En cuatro de las piezas que Caraballo construyó viven cuatro de sus cinco hijos, cada uno con una prole considerable.

Caraballo tiene 12 nietos y está feliz. No tiene mucho dinero, pero lo que tiene le basta para abrigar la esperanza de que educará a sus nietos y seguirá al frente de esa familia y esa casa, siempre con una buena guardia, esperando sin prisa el momento en que suene la campana.

Los compadres

El tiempo le ha enseñado a Caraballo a no juzgar. Al hablar de Pambelé, dice que cada cabeza es un mundo. "Él hizo lo que él pensó hacer".

Caraballo habla de Pambelé con cariño y con orgullo, con el mismo orgullo con el que su imagen cuelga en la sala de su casa y sólo ha sido removido por un rato para colocar unas guirnaldas.

"Además somos compadres. Yo le cargué su primer hijo, Manuel".

Caraballo recuerda a Rocky Valdés. Dice que en otra parte de la casa hay una foto de él. "También somos compadres, él bautizó al mayor de mis nietos, Bernardo Fabio, que ya tiene trece años.

"Rodrigo Valdés está muy bien. Tiene varios apartamentos y, sin embargo, no ha perdido la humildad. No sale del mercado. Ese tipo es un amigo. Cuando estaba comenzando estuvimos en una misma velada en Bogotá".

De los de ahora

De los boxeadores éstos que están ahora, el que más me emociona es Chicanero Mendoza.

Futuro

"Cuando me jubile voy a ser entrenador"

Un nieto

"Cada semana llevo a mi nieto, Bernardo Fabio, a entrenar a la playa temprano en la mañana y echo una trotadita de quince o veinte minutos. Físicamente me siento bien".

El ganador

Caraballo es un hombre afortunado. Es afortunado porque, a los cincuenta años, levanta los brazos, entrelaza los dedos en su nuca y afirma suspirando: "Gracias a Dios estoy bien. Así como estoy me siento bastante bien".

Y queda la sensación de que, aunque en su casa no existe el lujo de una corona, la pelea de la vida Caraballo la ganó.

Y Caraballo sonríe, mira a la cámara y dice: "Esta foto que me tomo con mis nietos es la más importante".

Y en la sala de su casa se despierta, con la música, la fiesta para un niño que está cumpliendo tres años; un niño que aún ignora los momentos más notables de un pasado que también le corresponde, un niño que algún día irá a contarle a sus hijos y a sus nietos, con orgullo, que su abuelo fue Bernardo Caraballo, el hombre que fue campeón sin serlo, hace muchos... muchos años, por la fecha de su cumpleaños.

El Universal
Julio 6 y 13 de 1992

Manuel Zapata Olivella

EL VAGABUNDO QUE VINO DEL MÁS ALLA

"Aunque parezca una metáfora, hablar de Manuel Zapata Olivella, hoy, es hablar de alguien que ha resucitado".

El comedor recibe el resplandor de un gran patio. La casa es enorme y de techo alto, queda en un sector silencioso del noroccidente bogotano y de afuera sólo llegan los ruidos de algunos pájaros.

Manuel Zapata Olivella está en una de las sillas del comedor y, aunque su cuerpo tiene nuevos límites –que le ha dejado su último combate con la muerte–, es posible percibir una energía desbordante en ese hombre que hoy parece un altivo y sosegado jefe de tribu africana.

"Después de numerosas intervenciones en la columna cervical, que me permitieron conocer la frontera del más allá, he podido tener la oportunidad de volver otra vez, retomar el camino con una nueva mirada y con nuevos ímpetus".

Cierra los ojos. Se regodea en sus palabras, en sus ecos de tambor. Teje con gusto el ritmo de cada frase.

"... y más consciente de que el tiempo es fugitivo".

Las huellas del cazador

"*Hemingway, el cazador de la muerte*, mi última novela, es anterior a este proceso, pero de alguna forma también implica un resucitar. Es la primera novela, de un propósito que tengo de escribir dos o tres más, enmarcada en mi vocación primigenia por la literatura, en el asombro que tuve en mis primeros años de adolescente, cuando comencé a leer las obras que constituyeron mi primer horizonte de lectura –creo que el de todos los iniciados en la literatura– como son las obras de Julio Verne, *Las mil y una noches*, las obras de Salgari, los viajes de exploradores, etcétera".

Todo en la vida de Manuel Zapata Olivella está lleno de viajes y errancias. La historia de su última novela, por ejemplo, comienza hace varias décadas, se explica a través del largo viaje de su vida. Con su voz cadenciosa e hipnótica, Manuel Zapata Olivella nos lleva de la mano en ese viaje.

"Esas primeras lecturas despertaron mi interés por querer ir a la luna, visitar el subfondo de los volcanes y de los océanos, en fin, por ser protagonista de novelas de aventuras.

"Pero esta literatura de la imaginación, para mí se fue quedando atrás en la medida que me fui interesando por los problemas sociales, por los problemas políticos, en la medida en que fui descubriendo que pertenecía a una clase que tenía sus más remotos antecedentes en la esclavitud, en la conquista y exterminio de las comunidades indígenas.

"Alcancé a conocer a mi abuela negra, a unas tías descendientes de mi abuela indígena. De manera que, cuando comencé a escribir mis primeros relatos, en Cartagena, en un periódico que se llamaba El Fígaro, mis artículos estaban relacionados con temas de interés para la comunidad, con su imaginería, sus costumbres y temores:

historias de aparecidos, la cabeza de perro que flotaba cerca del cementerio, el cuarto bate, en fin.

Foto Gustavo Arango

"En aquel tiempo empecé también a preocuparme por conocer los clásicos de la literatura, *María*, *La vorágine* y las obras de José Antonio Lizarazo, que me impresionaron mucho y que estaban adscritas dentro de la novela naturalista y sociológica, que en el ámbito latinoamericano correspondían a las obras de Jorge Icaza y Adalberto Ortiz, en la década del treinta, y Miguel Ángel Asturias, Ciro Alegría, y Mariano Azuela en los años cuarenta.

"Todo este contexto me fue perfilando como un novelista de la época, preocupado por la literatura colombiana y latinoamericana, con algunas lecturas complementarias de la literatura europea, también de carácter social –como Balzac y Dickens–, y de norteamericanos como Faulkner, Dos Passos y Steinbeck.

"Pero mi iniciación en la novela tiene más influencia directa con la literatura que se estaba escribiendo en ese momento en Colombia, particularmente la de Lizarazo, a quien conocí cuando vine a estudiar medicina aquí a Bogotá. De manera que, bajo esa influencia escribí mi primera novela, *Tierra mojada*, a comienzos de los cuarenta".

Una pasión vagabunda

"Llevaba bastante adelantados los bocetos de *Tierra mojada* cuando se me dio por salir de vagabundo, como un hippie, caminando a pie por Centroamérica –desde Panamá hasta México–, pasando por esos países que en esa época (1943) estaban bajo las dictaduras. El recorrido duró cerca de un año, vi de cerca la revolución mexicana y conocí a personajes como Diego Rivera, Siqueiros y Mariano Azuela. Luego llegué hasta los Estados Unidos, donde pude ver la discriminación racial contra el negro, así como había visto la discriminación contra el indio en Centroamérica.

"Ese viaje me dio una visión mucho más alta para la comprensión de los fenómenos sociales colombianos y, particularmente, los que yo había vivido en mi infancia en el Sinú, que son los que constituyen mi primera novela. Yo había vivido toda mi infancia entre los arroceros del Sinú y *Tierra mojada* abarca toda esta problemática que, en cierta forma, fueron los primeros brotes de la violencia en este país. Creo que es la primera novela que anuncia ese problema de la violencia, que yo después retomo en *La calle diez*, en *Detrás del rostro* y, de algún modo también, en *Chambacú, corral de negros*.

"Pero mi interés no era denunciar las luchas sangrientas que se estaban dando en ese momento en el país, sino mostrar las injusticias sociales, las situaciones de opresión que vivía el pueblo. En *La calle diez*, por ejemplo, que recoge el episodio del 9 de abril, al lector no le queda tanto la muerte de Gaitán sino la miseria que se vivía en esa época.

"Pero esta denuncia social deriva con los años hacia otros horizontes.

"En la última etapa de creación literaria, en la década del sesenta, antes de un largo silencio de casi veinte años, aparece *En Chimá nace un santo*, que es ya una toma de conciencia como colombiano e hispanoamericano, en función de la mentalidad mágico-religiosa".

Una excursión al silencio

"Justo en ese momento, cuando escribí esta novela, que tuvo la suerte de quedar segunda en un concurso literario en el que Gabito obtuvo el primer premio con su novela *La mala hora*, justo cuando empecé a recibir reconocimientos como el de Seix Barral, en el que Vargas Llosa obtuvo el primer premio con *La ciudad y los perros*, estos reconocimientos, en lugar de afirmar mi interés en continuar escribiendo más novelas, me condujeron a unas reflexiones sobre qué cosa era escribir una novela –ya había escrito cinco y quería saber lo que eso era–, cuál era el uso que había que darle al lenguaje, cuáles eran los mecanismos conscientes e inconscientes que se planteaban en el momento de la escritura y otros problemas de la creatividad literaria, como la alienación cultural, el problema del uso de los fenómenos históricos, etcétera.

"Todo eso hizo que durante veinte años yo dejara de publicar una nueva novela, aunque escribí tres que siempre consideré inmaduras. Sólo una, que se llamaba *Viva el putas*, la publiqué después con el título de *El fusilamiento del diablo*. Las otras, *El cirujano de la selva* y *La maraca embrujada*, se quedaron en el cajón".

Un trabajo del putas

"Toda esa búsqueda literaria se fue concretando cuando me enrumbé en la búsqueda de una temática que implicara la historia de las luchas sociales de América, desde la Colonia y la Independencia, a través de una mirada no europea, no eurocéntrica, como ha sido tradicionalmente la visión de la novelística latinoamericana. Quise mirar el proceso a través de la mirada del africano, a través de su mestizaje con el indio, con el español y así empecé a buscar fuentes, a visitar lugares como Haití, México, algunos países del África, los Estados Unidos –país al que regresé como profesor de la Howell University, de Kansas–, a analizar fenómenos como el 'Poder Negro', 'Las panteras negras', la independencia y enrumbamiento hacia el socialismo de países como Angola, el Congo, Senegal y Kenya.

"Todo esto sumado me fue nutriendo para escribir *Changó el gran putas*, que apareció en 1983 y es la primera novela que publiqué después de 1964. Esa novela plantea mi primera resucitada –ya que estamos hablando de resucitadas– porque, aun cuando es el producto de toda una evolución literaria desde la adolescencia, plantea una nueva visión que yo considero en cierta manera liberada de los influjos de la cultura europea, pero también influida –en este sentido también podemos hablar un poco de alienación– por lo que era el concepto de África. Estaba lo suficientemente lúcido para comprender que yo no era otra cosa que el resultado de varias alienaciones: la alienación europea, la alienación de la memoria ancestral africana –que yo idealizaba, desde luego– y la alienación de la cultura indígena, también idealizada.

"Con todo esto, yo considero que *Chango el gran putas* plantea una nueva visión crítica y literaria de lo que es la toma de conciencia del hombre americano en sus vertientes triétnicas. Yo creo que estas vertientes van a tomar madurez en los movimientos sociales, políticos, económicos, culturales que se están planteando en este fin de siglo, y que van a tomar su verdadera madurez en las tres o cuatro próximas décadas. En ese sentido, sin que me lo haya querido proponer, considero que soy el sembrador de actitudes y de pensamientos que van a aflorar en la literatura del próximo siglo, que es una literatura que estará más ligada –y ahora me doy cuenta, porque fueron pasos inconscientes– a los grandes problemas.

Chango, precisamente, se inicia con unos cantos escritos en verso que aluden al origen y a la creación del mundo en la mitología africana y después se proyecta en una denuncia por el uso agresivo de la tecnología contra el hombre y contra el planeta. El fundamento de toda esta novela es el concepto del *muntu*, que es un concepto bantú que alude a la familia, pero no en el sentido tradicional de la cultura occidental, sino la familia de los hombres vivos y sus difuntos, hermanados con los animales y los vegetales y los minerales. En otras palabras, ese gran problema que hoy en día se está planteando la humanidad, de reconocer esa biodiversidad a través de una fraternidad y no a través de una lucha a muerte".

Un libro sin crítica

"*Changó el gran putas* no ha tenido suficiente difusión fuera del contexto colombiano. A pesar de que recibió en Brasil un reconocimiento literario.

"Aquí en Colombia, la sensación que me ha dado es que *Chango* ha sido bien recibida, pero le cierra las puertas a la crítica nativa porque involucra la necesidad de un mayor conocimiento de lo que ha sido la historia de los negros en el continente, la historia de la primera revolución antiesclavista triunfante en el mundo, como fue la de Haití, conocer un poco sobre vudú, conocer un poco sobre la historia de José María Morelos –en México–, meterse en ese mundo complejo del Brasil. Entonces resulta que los críticos leen el libro, si es que llegan hasta la página final, y se van atragantando de valores, de conceptos, de acontecimientos, que no están en la rutina de la crítica general.

"Aquí en Colombia se han escrito artículos importantes, pero no han sido publicados. A pesar de ello, hasta mí no ha llegado un ensayo que plantee a fondo, por ejemplo, el problema de la desalienación del lenguaje castellano, para poder penetrar en el mundo de la filosofía del mestizo triétnico americano. Creo que ha habido oportunismo por parte de los escritores latinoamericanos, porque es evidente que una mirada eurocentrista sobre las culturas latinoamericanas o hispanoamericanas o afroamericanas, es una mirada que asegura un mercado europeo. En cambio, si lo hacen desde el punto de vista profundo del indio –como creo que lo ha hecho Juan Rulfo– cuesta más dificulta tener acceso a la gran mayoría de los lectores europeos. Rulfo es un autor consagrado por los pocos críticos que se han dado a la tarea de penetrar en ese mundo del mestizo mexicano; pero, aun así, fuera de los marcos de la crítica literaria, no es un autor que haya tenido el acceso al público que han tenido otros autores latinoamericanos".

El cazador de la muerte

"*Hemingway, el cazador de la muerte*' plantea a su autor una serie de desafíos".

El viaje hasta la última novela ha terminado.

"Uno de esos desafíos, como te decía, es el rescate de una vocación de adolescente por la literatura de aventuras, que se quedó sepultada en el momento en que fueron apareciendo otros intereses, como la novela naturalista y la de denuncia social.

"De pronto, terminando *Changó*, en 1983 y con la manía que me quedó de haber estado veinte años investigando, trasnochándome, haciendo apuntes y demás, necesité llenar ese vacío que me dejaba el haber terminado una novela y haberla publicado.

"Entonces me dije: 'Voy a escribir una novela como la hubiera podido escribir Julio Verne'. No tanto por estar influido por Verne, como por el deseo de retomar la atmósfera en que sus novelas fueron escritas.

"Por diversas circunstancias, cayeron los tres hilos fundamentales que me llevaron a la concepción de la novela.

"La primera fue la muerte de Hemingway. Hemingway había muerto ya, precisamente cuando yo me encontraba muy metido en lo hondo de la búsqueda del arte de novelar, pero me impresionó mucho que un hombre tan vital de pronto se hubiese suicidado. Si Hemingway hubiese sido un personaje sicopático, que hubiese rehuido el contacto con otros seres, no me hubiese sorprendido, como psiquiatra que soy. Pero que un hombre como él se haya suicidado me llenó de interrogantes.

"El otro elemento fue el producto de la investigación detrás de los valores africanos: una leyenda Kikuyo, que es la etnia más importante de los pueblos que configuran al pueblo de Kenya. A esa etnia perteneció Yomo Kenyata, el líder Mau mau y, posteriormente, primer presidente de la República de Kenya. Según la leyenda, a todo cazador que dispare su arma contra un animal sagrado se le devuelve el proyectil y le hiere en el mismo sitio donde ha herido al animal sagrado. De pronto, yo asocié la idea de que todos los disparos y las balas que Hemingway había hecho en sus safaris de África se le habían devuelto en el disparo que él se hace, en el momento de suicidarse con una carabina de dos cañones.

"Pero hay otro elemento fundamental: la colonización de los pueblos africanos y, particularmente, de los pueblos de Kenya, por el hecho de que, según la paleontología, es allí el primer sitio en donde aparece el homo sapiens.

"Entonces me pareció que los pueblos africanos, especialmente los pueblos de Kenya, son los depositarios de la sabiduría más antigua que tiene la especie humana.

"Pero, aún queda otro elemento. Yo he estado toda mi vida ligado al estudio de la biología. Yo no quise, originalmente, ser un médico, sino que quise ser un zoólogo. Pero, como entonces no había zoología ni en Cartagena, ni en Colombia –estoy hablando de 1937–, mi

Una nueva quijotada

"Yo he dicho reiteradamente que no soy simple y llanamente un trotamundos, sino que soy un vagabundo, de la vida, de las ideas, de la filosofía, de los conceptos. No me veo atraillado por compromisos de ninguna naturaleza, ni filosóficos, ni religiosos, ni políticos, ni a estar estancado en un punto de vista originario y persistir en él por haber encontrado allí la verdad absoluta. Por el contrario, soy un vagabundo permanente, trashumante, de una postura ideológica y filosófica a un nuevo grado de desarrollo de esa postura. No es que sea vagabundo en el sentido de andar todos los días cambiándole el norte a mi brújula, sino que todos los días profundizo en esos puntos cardinales que he trajinado.

"Uno de los personajes que más han influido en mí, a lo largo de toda la vida, ha sido el gran vagabundo de don Quijote. La novela que escribo actualmente está inspirada en un cuento que, a mi manera de ver, debió inspirar a Cervantes para crear su personaje. Hasta el momento tiene el título de *Itzao, el inmortal,* y está fundamentada en un cuento de la tradición oral, seguramente español, muy difundida en Hispanoamérica. Este cuento ha sido retomado por autores como José Hernández, el autor de Martín Fierro, cuando relata el desafío del payador con el diablo. Ese mismo reto lo tiene Gabo, en *Cien años de soledad*, con la leyenda de Francisco el Hombre enfrentado al diablo. Don Tomás Carrasquilla tiene la historia en el cuento 'A la diestra de Dios padre', donde Peraltica se enfrenta a la muerte y va al cielo y Dios lo pone a su diestra. También hay un episodio en Pedro Páramo, cuando el hijo de Pedro Páramo visita el sitio donde están encendidas las luminarias de todos los vivos y que se van apagando. Este cuento tradicional tiene muchas versiones en América y en Colombia (he recogido una versión en la Costa Atlántica con el nombre de 'Rambao', otra en el Pacífico, con otro nombre, y otra en los Llanos Orientales, donde tiene el nombre de 'Florentino y el diablo').

"Creo que este cuento debió ser la inspiración de Cervantes para Don Quijote y Sancho Panza. A Dios lo convierte en Don Quijote, adaptándolo al momento, porque ya estaba en crisis esa idea, y Sancho Panza es ese personaje que en el cuento de Carrasquilla se llama Peraltica.

"Mi proyecto de seguir escribiendo con libertad creativa incluye otras novelas, pero no tengo aún muy definidos los argumentos".

Zona de alimentación

La mañana se ha marchado sin hacer ruido. Poco después de la una de la tarde han empezado los movimientos en torno a la mesa del comedor. Han llegado Rosa y Edelma, la esposa y la hija de Manuel Zapata Olivella.

La charla ahora tiene el ritmo del hogar.

Manuel Zapata cuenta que cuando fue invitado como profesor a la Universidad de Toronto, un estudiante le preguntó qué significaba la presencia de los perros en todas sus novelas. Le respondió que nunca se le había ocurrido que eso significara algo, que en la Costa siempre hay perros.

A propósito de estudios sobre su obra, Zapata espera la llegada –un mes después del momento en que se hace la entrevista– de Yvonne Captain, una profesora norteamericana que escribió un libro sobre todas sus novelas, hasta

Changó el gran putas, y se refirió superficialmente al libro sobre Hemingway, porque en su momento no estaba terminado. Ivonne Captain viene a estudiar y clasificar los apuntes, borradores y fichas de la biblioteca de Zapata Olivella.

Rosa, la esposa de Manuel Zapata Olivella, es el sentido práctico, el contacto con la tierra de esa casa. Es una española aún bella, de aspecto afable y tranquilo. Se casaron en 1960 y ella le dio nuevos ímpetus a la carrera literaria de su marido, es la primera lectora de sus libros. Viéndola se entiende en buena parte porqué, a pesar de la indiferencia de los críticos, Manuel Zapata Olivella nunca ha pensado en dejar de escribir libros.

"Nunca había hecho poesía, hasta que me impuse la tarea de escribir los poemas que aparecen al comienzo de Changó el gran putas", dice, en medio del almuerzo de comidas livianas y bajo en condimentos.

Por ahora, el viaje de esta charla ha terminado. Muchas puertas se han quedado apenas entreabiertas, como los años dedicados en compañía de su hermana a difundir el folclor o el viaje a la Unión Soviética con una delegación a la que Gabriel García Márquez se sumó en París como tamborero.

La mención de García Márquez hace que Zapata Olivella recuerde que fue él quien lo acompañó la primera vez que llegó a *El Universal*, en mayo de 1948. Pero esa es una charla que ocupará otro espacio.

Por lo pronto, queda la reconfortante sensación de haber hablado con un hombre que no ha traicionado su vocación, que contra la indiferencia y la falta de difusión ha construido una obra, ha seguido su ruta de vagabundo incansable.

Ahí, sentado en el comedor de su casa, viéndolo presidir con su imponencia bonachona de viejo soberano al que a ratos su cuerpo se niega a obedecerle, se comprende que –aunque salga pocas veces a la calle– su errancia por las tierras de la vida, de la muerte y las palabras, prosigue con su misma obstinación de adolescente apasionado por los viajes.

Suplemento *Dominical, El Universal*
Marzo de 1995

MOMPOX

I. Al calor de los muertos

Poco a poco, a medida que la noche se acomoda, el fuego se apodera de las tumbas.

Cuando el día aún era día, numerosos vendedores se instalaron en la puerta. Con las sombras fue aumentando el desfile de personas, todas llevando en sus manos velas, cirios y velones. Una extraña procesión se ha derramado de las casas, se ha escurrido por las calles y ha llegado al cementerio. Esa noche se celebra una fiesta paradójica y extraña.

Es Miércoles Santo, la Semana Mayor es un hecho. Ya pasó "el paso robado". Ya hubo Procesión de Ramos. Ha llegado el momento de hacer la visita nocturna a los muertos, de encenderles un fuego, de orar ante sus tumbas, de hablar y recordar, de volver a encender velas que se apagan, de dejar transcurrir lentamente la noche, evocando caricias o timbres de voces, releyendo inscripciones, observando con dulce nostalgia las llamas.

La semana Mayor

Ha pasado un año más. Un año de muertes y nacimientos, un año de risas y tristezas, un año de veranos rabiosos y aplastantes y de inviernos. Hubo un junio y un septiembre y un diciembre y un enero y al final llegó el momento en que todo en ese pueblo parece renacer.

Llegar a la "Semana Mayor", vivir de lejos o de cerca sus rituales, sentir el paso purificador de sus procesiones, el sudor eufórico de todos, los éxtasis individuales o colectivos, es como renacer.

La Semana es una fiesta de año nuevo. Es el punto de referencia para todos los recuerdos. La ocasión para la que se pintan las fachadas de las casas. El momento en que la gente se pone un vestido nuevo. Es el antes y el después.

Conchita y sus amigas

En la capilla del cementerio, una hoguera que navega sobre esperma derretida absorbe las conciencias.

En las tumbas, bóvedas y mausoleos familiares, las velas empiezan a dibujar una noche estrellada.

Ya es casi de noche e iluminan mejor.

Junto a la entrada del ala más nueva del cementerio, la que tiene más bóvedas vacías, Concha Paba se encuentra con Andrea López Arteaga, una vieja amiga. A medida que pasan los años, nuestros contemporáneos terminan siendo nuestros únicos amigos.

Concha, la hija del doctor Tobías Paba, saluda a un hombre gordo y algo feo que pasa cerca de ellas y trae una cámara en la mano. Por encima se ve que es visitante, que el ritual de las velas no deja de intrigarle.

Concha Paba le pregunta si le gusta la ciudad, si la conocía desde antes. El hombre responde con monosílabos pero, por fin, recuerda que su oficio es preguntar y le pide a esa mujer octogenaria que le hable del pasado.

Foto María Paula Escobar Olarte

Conchita deja ver una sonrisa infantil salpicada de trocitos de oro y propone a su amiga un tema de charla.

"La Semana Santa era mejor antes.

"Ya el padre ha hablado por el desorden que hay", le responde Andrea, una mujer de piel oscura, rostro anguloso y mucho más joven que Conchita, pero ya anciana.

"Es el modo de criar. Yo crie dos y hay que ver", dice orgullosa Conchita. "La juventud ahora no quiere ni trabajar, sólo les interesa la marijuana y el perico".

De pocas palabras, Andrea escucha a Conchita y asiente con la boca apretada.

"Muchas cosas se han perdido. Los músicos se han muerto. Los orfebres también se han ido muriendo y los de ahora no quieren aprender el oficio. Sólo quieren vivir en el hotel de papi y mami".

El hombre de la cámara saca una libreta y escribe lo que escucha. Al grupo se ha sumado Abadesa Villarreal. Conchita prosigue el inventario de las pérdidas.

"Ya no vienen esos barcos con sus grandes ruedas de palo, que funcionaban con leña: el Atlántico, el Sofía, el Elbes".

Abadesa contribuye a la nostalgia: "Íbamos a esperar a los hermanos que venían de Barranquilla.

"Tenían orquestas a bordo. Traían gallinas, micos, ganado, calderos de fierro. Los muchachos se subían a jugar con las ruedas de madera".

De pronto, las ancianas recuerdan que están en el cementerio, que poco a poco ha llegado la noche en que todo el pueblo se reúne con sus muertos.

"Ahí, a la entrada, está la tumba de Candelario Obeso, el poeta que se mató", dice didáctica Conchita. "¿Recuerda ese poema que decía: 'La noche qué oscura está, bogá, bogá'? Candelario Obeso era negro, con los cabellos de pimienta, y se enamoró de una niña blanca. Las amigas de la muchacha le decían que si no le daba vergüenza salir con ese negro bembón. Al final ella lo dejó y él se mató".

Las mujeres concluyen que para muchos es motivo de orgullo morir en Mompox. Recuerdan a una mujer que llegó de visita y le gustó tanto el pueblo que decía: "Si yo pudiera quedarme aquí". A los pocos días murió "y está enterrada aquí".

Una de ellas recuerda a los hermanos Ribón, Atanasio y Segundo. "Se fueron de Mompox porque no tenían con quién hablar, por lo ricos que eran. Las camándulas de los santos que tenían en la casa eran de oro. Se fueron a vivir a Londres, pero volvieron a morir en el ancianato".

Y la charla, como la vida, regresa a la Semana Santa. Conchita está contenta porque en la procesión se recuperó "la vuelta del caracol, como la hacían antes".

Luego habla de su padre como si estuviera vivo. "Me cuenta mi padre que el sepulcro que había aquí está en Tenerife, España. Que el que hay ahora lo trajeron de allá en el año 1900.

"Antes los padres nos referían muchas historias", dice Andrea. "Como uno es de cabeza fresca, por eso las recuerda.

"Algunas de esas historias yo se las cuento a Alberto, el hijo mío, el que está vivo", dice Conchita. "Ay, mamá", concluye con un suspiro. "Esas sí eran historias. No como esos cuentos que pasan por la televisión".

"Si nosotros fuéramos a la televisión, ganaríamos plata echando estos cuentos", agrega Abadesa.

Las mujeres sonríen y el hombre de la cámara y la libreta les pregunta sus nombres y sus edades.

Andrea dice que es del 32, Abadesa que del 25, Conchita guarda silencio un momento, obliga a que le hagan de nuevo la pregunta y responde con orgullo: "Mi nombre es María Concepción Paba Rojas de Betancourt, pero hasta los perros me conocen como Conchita. Soy del año 9. Yo soy más vieja que todos ustedes".

El hombre agradece, se despide y se aleja. Las mujeres le sonríen y en el oro de sus dientes parecen reflejar las luces de las velas.

Conchita se queda hablando con sus amigas. Comenta con orgullo lo hermosa que le quedó la túnica que vestirá Poncio Pilatos.

La fiesta

Poco después de las nueve de la noche, una luna amarilla con un velo de nubes se asoma tímidamente.

Aunque en la puerta de la capilla una banda interpreta notas nostálgicas, el ambiente en el Cementerio es como de fiesta.

Los niños corren entre las tumbas y le encienden algunas velas a los muertos a quienes nadie ha visitado.

No hay tristeza en los rostros de la gente.

Una hoguera dulce arde desde todos los rincones, desde las bóvedas de los pobres, desde los imponentes mausoleos familiares.

La gente camina con placidez entre las tumbas. Se cruzan, se saludan, les rezan a los padres, a los tíos, a los compadres, a las primas hermanas de los compadres de los hermanos. Todos, en ese momento, resultan familiares.

Frente a una lápida vieja, una señora le recuerda a otra que el que yace en la tumba fue Víctor Acuña, el orfebre famoso, primo hermano de su madre.

Con gesto de dolorosa sorpresa, una joven se entera de la muerte de un conocido, ocurrida hace quince días.

Una mujer y sus hijos adolescentes, se apretujan frente a la lápida de un hombre muerto hace poco. La han llenado de flores y de velas, como si quisieran devolverle un poco de calor.

En la parte alta de las bóvedas más antiguas, un hombre yace olvidado. Su nombre es Pío Villarreal. Vivió entre 1836 y 1932. Nadie le ha puesto una vela.

Pero ni aun ese olvido causa pena, porque de alguna manera el calor de esa noche también a él lo alcanza.

La luz amarilla que se aferra a lápidas y pieles transmite una tibia sensación de paz.

Personas silenciosas observan absortas las llamas.

Hay velas encendidas hasta en las bóvedas vacías.

Algunos niños recorren el cementerio formando enormes bolas de esperma.

Poco a poco, a medida que la noche es cada vez más noche, las velas y la fiesta se empiezan a apagar.

Algunos se resisten a marcharse, quieren prolongar el calor de la visita un poco más.

Pero al final sólo quedan la luna y el silencio satisfecho de los muertos de ese pueblo que no olvida su pasado, que sagradamente regresa cada año, cada Miércoles Santo, a mantener encendida la llama de la vida en aquellos que ya duermen en la tierra a la que siempre se sintieron aferrados, en aquellos nazarenos, angelitos y Marías de otros tiempos, que tendrán que contentarse con escuchar desde lejos los sonidos cadenciosos, enigmáticos y lentos de una larga procesión que no termina.

II. Como el río

Mompox fluye como un río. Como el río que pasa por su lado y que casi nadie mira.

Siendo un poco extravagantes, podría asegurarse que es un pueblo sumergido y que aferrado a sus paredes fluye un río de personas que nacen y se mueren.

La sensación también es física. Caminando por sus calles la piel se cubre de humedad. A los pulmones llega un olor de tierra mojada, un aroma dulce y vegetal.

A pesar de que fluye y que su gente se mueve como nadando, en Mompox el tiempo parece que no transcurre. Haber quedado fuera de las rutas comerciales lo ha convertido en un pueblo fantasma, en un pueblo de fantasmas que se confunden con los momposinos y los visitantes durante las procesiones de Jueves y Viernes Santo.

Esos días hay revuelo en la Calle Real del Medio. Se reúnen más personas que en cualquier otra época del año. Se apretujan hasta asfixiarse fantasmas, momposinos y visitantes.

El Jueves la procesión marcha contra la corriente del río, como simbolizando el ascenso hacia el Calvario.

El Viernes corre aguas abajo, como un cuerpo que ya no lucha y es arrastrado.

En ambos días a esa lenta serpiente luminosa no le falta compañía. A pesar de las casi diez horas que duran, en promedio, esos parsimoniosos recorridos de seis cuadras, desde la salida, como a las seis de la tarde, hasta la eufórica llegada, cuando la noche está pensando en retirarse, en ningún momento le falta a la procesión su compañía.

El pueblo se releva para apoyarla. Por las calles aledañas se desliza una alegre ansiedad. Los momposinos van a sus casas, comen, les cuentan a los que no han ido cómo fue la salida de Santa Bárbara o San Francisco. Puede verse a nazarenos sudorosos que han dejado por un momento la procesión, puede verse a niños vestidos con túnicas moradas y pelucas (con corona de espinas incluida), llevando una cruz en una mano y en la otra un helado.

Puede verse a las personas sentadas junto a las puertas, comentando pormenores. Se cruzan momposinos elegantes y se preguntan unos a otros si ya fueron, si van o si vienen. Animan a los que están asomados en las ventanas y parecen estar ese año enemistados con la Semana Santa.

En la puerta de una casa se dibuja la delgada silueta de un hombre de edad en una silla de madera. Su rostro no se ve. Se ha sumergido intencionalmente en las sombras para ver el paso apresurado de la gente, su alegre ansiedad, para oír la música de vientos cadenciosos y de golpes que viene desde la calle principal y para recordar otras Semanas Santas, otras aguas arrastradas por el río.

Un pueblo literario

Mompox está lleno de historias. Es un pueblo de río bastante literario. La sensación más fuerte que se tiene cuando se camina por sus calles es la de que nos están mirando episodios y seres que ya nadie recuerda, como si se negaran a dejar esos lugares donde sólo son olvido.

A pesar del olvido, un presente cotidiano y un pasado infinito parecen superponerse. Por eso parece que el tiempo se hubiera detenido.

Puede uno encontrarse con una palenquera que dormita aburrida y que uno no alcanza a imaginar cómo vino a parar a Mompox.

Puede recorrer la calle que está al lado del río y encontrarse el consultorio del médico más antiguo. Ver su figura arqueada, entrar a hablar con él, preguntarle de qué se moría la gente hace más de medio siglo.

También puede llegar uno a la casa que fue de María Ignacia Trespalacios, Marquesa de Santacoa, y hablar con una de sus descendientes directas, verle el porte distinguido, la severa dignidad con que exhibe el retrato de la Marquesa, cuando joven, cuando viva, allá por 1750; puede verse el orgullo de la ilustre descendiente pidiéndole a su hijo que le pegue los botones al escudo de armas familiar.

Es posible preguntarle al descendiente de la Marquesa lo que significa el escudo y que el joven responda que se trata de un jabalí tratando de subir a un árbol, y que eso significa lealtad con los amigos.

Es posible sentir entre la gente el tibio reavivar de las viejas pasiones políticas luego de ver un informe de televisión sobre el pueblo en el que destacan las disputas de partidos.

En Mompox hay pequeñas pugnas por el afán de participar en las procesiones, por llevar un cirio o una bandera.

En Mompox hay orfebres que desconfían de los extraños porque le temen a la guerrilla. Y hay talleres en los que trabajan varios de esos bordadores de destellos, que acogen entre joviales y recelosos a ese que llega con sus preguntas.

Los orfebres se quejan de que no hay oro. Que lo malo del pueblo ha sido tanto "pedigree". "Había que besarle a todo el mundo la mano".

Un orfebre erudito dice que su arte empezó en Persia y de ahí viajó a España, de donde vino a Mompox.

Mompox es un sitio propicio a los hallazgos.

En Mompox roban tan poquito, que la gente aún recuerda aquella Semana Santa en la que dicen que un hombre, que no era del pueblo, se robó una cadena y se arrojó al río, pero la policía lo mató a tiros.

Es un sitio en el que imperan motos y bicicletas.

En las noches de procesión es posible mirar las ventanas del ancianato, donde hay 75 internos, y ver a un hombre solitario siguiendo con gesto inexpresivo el movimiento.

El Sábado Santo es posible ver a unos hombres que rodean a un amigo de yeso que está herido y es bastante parecido a Jesucristo, el que murió el Viernes Santo.

Es posible asomarse al viejo pozo en el que un hombre de apellido Bolívar daba de beber a sus bestias, y mirar las ruinas del estanque en el que él y sus hombres se bañaban.

Mompox es un pueblo literario. Podría escribirse un libro, pero es mejor no alargarse. Que baste con decir que caminando por sus calles uno piensa en Santa María la de Onetti, más que en Macondo, y que a nuestros sentidos se arroja, pidiendo nuestra atención, una multitud de historias.

Como el río

Protegido por las sombras, el hombre mira el movimiento de la calle. A lo lejos escucha una música casi inaudible. Por los comentarios de la gente que pasa por el frente de su casa, sabe que la procesión va por los lados del Parque de Bolívar.

Recuerda las procesiones de su vida. Las veces que se vistió de nazareno. A lo lejos, recuerda la música y piensa en el tiempo.

Cuando se ve una procesión en Mompox se piensa en el tiempo, en ese invento apurado que es el tiempo. Viendo ese paso lentísimo, monótono y pendular, se piensa que hay un momento en que esa masa de gente ha logrado derrotarlo.

Cuando empieza la marcha, la gente está nerviosa y dispersa. Todos todavía tienen nombre y recuerdan las cosas que hicieron ese día en la mañana, las personas con las que conversaron.

Varias horas después, algunos empiezan a sucumbir al demoledor paso de la procesión. Pronto, el sacrificio voluntario que llevan en hombros entra lleno de significado a través de sus sentidos fatigados.

Son evidentes las relaciones de esa procesión con la meditación, con la repetición al infinito de sonidos y movimientos para entrar en estados de trance.

Lo que muchos de los viejos al parecer no perdonan es que ahora en las procesiones algunos tomen licor. Pero viendo el esfuerzo, el viaje más allá de la resistencia de los cuerpos y de las conciencias que hacen los nazarenos, es posible comprender que para algunos la fe necesita de un estímulo.

Como sea, pasados de tragos o llegando a los éxtasis místicos, los momposinos se encargan de que los pasos lleguen hasta la meta: los catorce del Jueves Santo, o la Cruz, el sepulcro y las mujeres apenadas del Viernes Santo.

Si hay que buscar en alguna parte la explicación a la forma de ser que tiene la gente de Mompox, si se quiere entender su carácter gozoso, hay que pensar en las procesiones del Jueves y el Viernes Santo. Hay que hurgar en el sentido de esa marcha, que parece que no avanza, la explicación de ese pueblo donde el tiempo se encuentra detenido.

Hay que mirar esos hombres con la conciencia ya perdida, esos jóvenes vestidos de nazarenos que miran asustados a la gente y piden que les tomen una foto. Hay que ver esos hombres de aspecto campesino, algunos ya viejos burlándose del peso de los años. Hay que pensar en ese avance que a veces parece un retroceso, en esas largas hileras de personas que con el paso de las horas han olvidado hasta sus nombres. Hay que hacer todo eso para empezar a entender a ese pueblo de fuego y de agua que parece inventado por alguien.

Hay que entender muchas cosas para entender el sentido infinito de ese hombre guarecido entre las sombras que fuma, mira, escucha y piensa que Mompox, como la procesión, fluye lenta, sabia, extática y eterna como el río.

El Universal
Abril 13 y 14 de 1993

Gustavo Ibarra Merlano

UN BUEN HOMBRE CON UNA MALETA REPLETA DE POESIA

"Esta maleta parece una maleta de ejecutivo", dice con una solemnidad que reclama atención y que deja filtrar una sonrisa.

Acaba de llegar a su casa y viene envuelto en el frío de la noche bogotana. Se había retrasado un poco en su oficina, pero llamó a disculparse y a pedirle al periodista que lo esperara en su biblioteca, un lugar abrumador que refleja en cada objeto las hondas dimensiones de su dueño.

Finalmente ha llegado. Cuenta que una vez, en Cartagena, mostrando la maleta que trae en la mano, les dijo a unos amigos: "Esto parece una maleta de ejecutivo…Pero resulta que es una maleta repleta de poesía".

Suelta la primera carcajada de una charla inabarcable y va a sentarse en una silla amplia, mullida y elegante.

"Y en efecto. No era paja. Yo siempre ando con una maleta repleta de poesía", dice y abre su maleta, revisa algunos documentos anillados. La sonrisa que filtra ha regresado.

Gustavo Ibarra Merlano es un hombre amable y recio de tez clara y ojos que se entrecierran con frecuencia. Su voz se asoma con un vaivén de mar, teje las frases con cuidado, con musicalidad, como si se tratara de un poema que ha venido trabajando. A veces, su vieja asma lo obliga a sorber y a volver incomprensibles sus palabras.

"Aquí tengo tres libros que están por publicar. Quién sabe cuándo se publicarán, ¡por Dios!".

Si el motivo de la charla es literario habla como si conociera a su interlocutor hace ochocientos años.

"Uno en Colombia escribe los libros, pero no sabe cuándo se van a publicar. Últimamente tuve una conversación con Gabo en Cartagena, y le expuse mi teoría del poeta entumbado.

"Yo le decía a Gabo que, en vista de que era tan difícil publicar poesía en Colombia –es una verdadera hazaña–, en vista de que la leían tan poco y que a veces se formaban unas tropelías críticas espantosas, lo mejor es que metieran los poemas en un cajón y dejaran una manda en el testamento para que lo abrieran cien años más tarde. Entonces, ya no quedarían sino los huesos de la poesía y ya se sabría, si era buena, si era mala, si perduraba o no perduraba.

"Poemas para una urna funeraria", dice pensativo, considerando su nuevo hallazgo. "Sería un buen título para un libro.

"Gabriel me dijo que le parecía muy poética la cosa".

* * *

No es exagerado decir que Gustavo Ibarra Merlano es un poeta desconocido. Si algún mérito le reconoce la 'Historia Oficial' de la Literatura Colombiana es el de haber sido amigo de Gabriel García Márquez durante su paso por Cartagena –a fines de los años cuarenta– y el de haberle recomendado lecturas claves, entre ellas las de los clásicos griegos, que tuvieron influencias importantes y directas en su obra.

Antes de conocerlo, la primera pregunta que uno se hace es por qué Gustavo Ibarra Merlano, a pesar de ser un poeta de primer orden, no ha sido un escritor como Gabriel

García Márquez y Héctor Rojas Herazo –su amigo de toda la vida–, por qué eligió la oscuridad y el silencio. Pero escuchándolo las cosas se ven mucho más claras.

"La vaina de la poesía es que se publica y no hay quién la lea. Uno debe publicar unas ediciones breves, para los amigos, como hacen en Grecia. En Grecia todo el mundo publica reducido, publica cincuenta, sesenta ejemplares, que es realmente lo que se debe publicar. Lo demás es perdido, completamente perdido.

"En Colombia la poesía se lee por círculos y los círculos son impenetrables. Son tipos que tienen una especie de retórica congelada y a aquello que no se ajusta a su poesía no le paran bolas.

"Por ejemplo, tienen mucho miedo a expresar el patetismo del alma. Le tienen una especie como de pudor. Pero, carajo, si uno no expresa lo que siente profundamente, entonces qué va a expresar".

* * *

"Uno es muy tenue, muy blando, muy inerme, muy desarmado, lo hiere todo. Uno a veces se pregunta, ¿bueno, pero, yo qué soy?, ¿realmente yo estoy aquí? ¿Qué es esto que hay aquí? Pero llega la poesía de pronto y ahorma todo eso y presenta una sustancia que, esa sí, no es interpelable.

"Eso es lo que uno busca: salir del fantasma que está detrás de uno, siempre, fingiendo que uno es un yo, cuando en realidad es una ficción, porque detrás del yo está la verdadera consistencia de la persona, que es la que hay que buscar y que es la que encuentra la poesía.

"La poesía no es sino eso, la destrucción del fantasma para encontrar la persona sustantiva que hay detrás del poeta. Esa es la poesía. Todo lo demás es fantasía.

* * *

"Yo he seguido trabajando mucho en poesía. El otro día le pasé a Héctor un poema que se llama 'Kenosis' y me dijo: 'Es un poema tremendo'. Ese poema lo elaboré hace mucho tiempo, pero lo tenía guardado. Después encontré algunas frases y algunos poemas, sobre todo de un poeta del 1020 llamado Avicebrón –un gran poeta que ha sido comparado con el Dante–, y vi en él unas cosas que sí me permiten decir la misma vaina".

Gustavo Ibarra busca el poema y lo lee con una pasión tranquila. Cierra los ojos en algunas pausas, alarga la resonancia de algunas palabras, recorre lentamente ese abismal poema, mezcla de confesión y de plegaria, en el que se ha dibujado a sí mismo con palabras. Al final, se hunde en el último sonido con los ojos cerrados y, después de unos segundos, despierta en su biblioteca, sonriente y purificado.

"Es un poema de una gran sinceridad. Yo no sé si, de pronto, producirá muchas conmociones, pero está hecho para que conmueva muchas seguridades –la falsa virtud, la aparente pureza–, está hecho para eso.

"Como decía Héctor, el poeta debe tratar de buscar temblores profundos en sus lectores, que se sacudan, que sientan pues que están siendo aludidos en lo más profundo de su ser.

"Y como ese hay muchos, tengo demasiados poemas. Tengo un libro dedicado al mar que se llama *Traslaciones*, tengo otro libro de una serie de poemas que se llama *Para nacer de nuevo* y ese libro que se llama *Ordalías*, que comienza con recuerdos del viaje a Grecia y después sigue con varios temas.

"Yo estuve en Grecia hace mucho tiempo, fue hace casi unos once años, pero duré un tiempito allá, duré cuatro meses en Atenas. De tal manera que siempre pude captar algo. Atenas es una ciudad que no se entrega fácilmente".

* * *

"Un poema en el cual he trabajado mucho y que tengo muchos deseos de terminar –pero quién sabe cuándo se terminará, porque es un tema sumamente difícil– es un poema sobre un presocrático, se llama "La muerte de Empédocles".

"Empédocles es uno de los hombres más extraordinariamente míticos que ha producido Grecia. Era mago, resucitaba gente, era un gran filósofo. Al mismo tiempo era Penitencial, porque sufrió durante treinta mil años una expiación por haber cometido unos crímenes extraños, rituales, creo que había comido habas y también había participado en festines donde se comía carne de niño, de tal manera que era un hombre conectado y, además, era reencarnacionista y había sido pez, había sido niño, había sido rama de árbol, su vida arranca desde las raíces del mundo y hace experiencia durante treinta mil años hasta llegar a ese hombre. Sobre él hay una leyenda: que se arrojó al volcán Etna, se suicidó, y el Etna devolvió una sandalia de bronce.

"Empédocles es uno de los hombres más mágicos que ha producido la filosofía presocrática.

"Estoy trabajando en ese poema desde hace mucho tiempo, por la extraordinaria atracción del personaje. Además, es un gran poeta, es casi homérico, es un poeta que me ha fascinado y yo he sido amigo de él toda la vida".

* * *

"Yo he tenido una fortuna, he tenido grandes amigos, notables amigos. Por ejemplo, Jorge Artel fue para mí como un padre, él fue quien me inició y me impulsó a publicar poesía. Me daba libros, me aconsejaba, pasábamos unas noches extraordinarias en su casa, tocando guitarra toda la noche, felices, al lado de un árbol. Conservamos una amistad profunda hasta cuando murió hace poco.

"He tenido esa cosa paradójica, que, sin tener muchas cosas estimables, los amigos me han estimado mucho. Héctor Rojas es como un hermano, la nuestra es una amistad sin una sola nube, seguimos comunicándonos permanentemente.

"El trato con Gabo, también –no fueron sino dos años–, fue un trato muy entrañable: él ha manifestado por mí una estimación que yo creo que es producto de su imaginación.

"También he tenido otros amigos extranjeros. Este hombre fue un maestro extraordinario".

Gustavo Ibarra se levanta, se acerca a un estante que está al lado de su silla.

Su biblioteca es el centro de la casa. Está en el primer piso, justo al frente de la puerta principal. Es un salón amplio y ordenado con una ventana que da al patio y a los retozos de Carbonera, una enorme y tierna perra negra.

Si se quiere comprender quién es el hombre que nos habla, basta ver su biblioteca. Muchas fotos de seres queridos. Muchos libros en griego. Una arrobadora colección de mariposas. Montones de libros sobre cine. Imágenes religiosas. Una pequeña embarcación con sus velas recogidas.

Nos muestra el retrato de un hombre barbado que viste un *sarong* hindú.

"Lanza del Vasto era un hombre extraordinario. Todos estos libros que están aquí son de él. Era italiano, pero escribía en francés.

"Vino a Colombia porque un grupo de amigos lo invitamos, fue un grande amigo mío. Era un hombre extraordinario, era poeta, era filósofo, era músico, era un gran tallerista –trabajaba la madera una maravilla– y era un hombre de una personalidad y una capacidad de amor muy grandes.

"Con el producto de su primer libro, Lanza del Vasto se fue a la India en busca de Ghandi y Ghandi lo bautizó Shantidas, que quiere decir servidor de la paz. A él no le gustaba que le dijeran Lanza del Vasto, prefería que le dijeran Shantidas.

"Era un tipo verdaderamente desconcertante. Por su altura mental. Su amistad fue otro de los regalos de Dios.

"Yo creo que mi vida está construida, gracias a Dios, sobre la amistad. También he tenido amistades literarias muy extrañas. Por ejemplo, hace poco descubrí un poeta catalán que se llama Salvador Espriú, que es uno de los más grandes poetas españoles del siglo.

"Uno está acostumbrado siempre a la generación del 27 –García Lorca, Dámaso Alonso–, pero esa generación tiene mucho de autopromoción, tiene mucho de cosa revuelta, hay algunos que son muy buenos y otros que son pura fama.

"Espriú es un hombre de una cultura gigantesca, traduce del griego, te voy a leer quién es, para que veas las cosas que uno desconoce...".

Se acerca a una montaña de enciclopedias que está al lado de su escritorio –es una mesita modesta pegada a la ventana–. Lee la síntesis de una vida asombrosa, más asombrosa aun por lo ignorada.

"Lo descubrí por casualidad. Lo tenía en mi biblioteca hacía como cinco años y de pronto comencé a leer y me dije: '¡Esto qué es, por Dios!'. Una de las poesías más puras que yo he leído en mi vida".

* * *

"En literatura hay unos abismos de esplendor absolutamente desconocidos. La literatura es la cosa más sorprendente que puede haber. Por ejemplo, el descubrimiento de un poeta de la altura de Espriú...lo descubrí en mi biblioteca. La suavidad, la profundidad de su poesía es extraordinaria.

"Y así me ha pasado con otros poetas. Es decir, además de los poetas que se conocen hay unos valores sorprendentes porque están escondidos, son tesoros escondidos.

"Otra de las grandes cosas que yo he leído en mi vida –cuando tenía veinticinco años lo había leído–, es la poesía de Avicebrón, que es una de las cosas más extrañas que hay. Un tipo que dice, por ejemplo: 'Aunque tú me mataras, yo te seguiría amando'. Yo no he visto cosa igual en declaración de amor. He visto muchas declaraciones de amor, pero nunca he visto una cosa tan radical como ésta. Y ese es el tono de las poesías de él. El poema se llama 'La corona', está catalogado como uno de los grandes poemas de la literatura.

"Pero lo que quiero decir es que uno vive más de cosas recónditas que de cosas reconocidas. La literatura es una tierra de incógnitas, hay sectores iluminados y, a veces, falsamente iluminados, como sucede con el Premio Nobel, que es un subproducto de la dinamita. Sin menoscabo del valor de muchos, entre ellos el de Gabriel, el premio Nobel ha creado una falsa cultura. Somos una cultura de Premios Nobeles. Apenas sale el premio Nobel todos los tipos que no tienen nada que ver con la literatura, salen corriendo a comprar el libro. Es un fenómeno despreciable.

"Además, ¿quiénes son los señores que dan el Premio Nobel, dónde está su obra literaria?, ¿dónde están sus creaciones? Es un grupo, ahí, de tipos más o menos notables, unidos por los intereses de un tipo que inventó la dinamita. ¿No te parece que es un fenómeno muy curioso esa vaina? Es como si existiera el premio literario de la bomba atómica, la misma vaina. Ese es el premio Nobel, con todo el respeto por los que realmente lo merecen, como el caso de Gabo. Es una gloria falsa.

"Esas son cosas que a uno lo maravillan, por un lado, asombra lo precaria que es la historia de la literatura, lo mal construida que está, y por otro lado, lo llena a uno de regocijo haberle tocado la gran suerte de conocer a poetas como Espriú. Es una cosa prodigiosa, un verdadero regalo de Dios. Yo conocí a Espriú hace un año y, cuando lo conocí me dije: 'He perdido mi vida leyendo poesía sin conocer a este señor'"

***

"La narrativa es una cosa que vive de la vida y debe ser conocida en vida, porque la novela está construida con unas estructuras vitales visibles. Pero la poesía vive de la muerte, está construida con unas estructuras invisibles que para llegar a ellas se necesita un don.

"Tú para leer una novela no necesitas ningún don. Si lo tienes, maravilloso. En cambio, para llegar a la poesía necesitas un don. La poesía es una cosa que sucede interiormente y se debe guardar dentro de una interioridad. Muchas veces la lectura de la poesía, si no se hace dentro de un clima especial, es una violación de la poesía, porque ha nacido de tan hondo, ha nacido de las cavernas del ser, y si se saca a la luz se degenera completamente. Tiene que ser leída con cierta tonificación, con una consonancia muy especial. De ahí que la mayoría de la poesía se lee y no se comprende o se comprende diez años después o se comprende treinta años después.

"Yo creo que nunca debe haber congresos de poesía, porque cuando los poetas se reúnen se degradan. No hay cosa más horrenda que ver veinte poetas reunidos, porque la poesía es una cosa de una intimidad absolutamente peculiar. Tú tienes que leer el libro de acuerdo con la realidad del libro, no puedes superponerle nada, ni fama, ni periódicos, ni premios nobeles, ni nada de esas vainas".

Para Gustavo Ibarra Merlano, Neruda es uno de los casos más patéticos del daño que puede hacerle la fama a la poesía. Dice que su mejor libro es *Residencia en la tierra* y que lo demás han sido altibajos. En poesía latinoamericana se queda con Vallejo, a pesar de que su obra ha sido menos divulgada.

"El más grande poeta de la lengua española en el siglo XX se llama Ricardo Molinari, es un argentino, tiene 92 años y su último poema lo escribió hace poquito. Él está reducido a un sanatorio y su obra es muy poco conocida. La historia de la literatura va por un lado y la poesía va por otro lado. Todos esos tipos que escriben las historias de la literatura no saben de esa vaina.

"En poesía uno no sabe qué va a durar y qué no va a durar, ni qué es lo que sirve ni lo que no sirve. Eso lo decide Dios, sólo Dios sabe quién está vivo y quién está muerto, es el único que lo sabe. La misma vaina es esta vaina. Sólo Dios sabe quién es buen poeta y quién es mal poeta… los demás no sabemos, no tenemos ni idea".

* * *

A pesar de que en su charla hay una gran erudición, Gustavo Ibarra habla del arte y de la vida con modestia. No hay en él ningún vestigio de arrogancia.

Cada palabra que pronuncia tiene un peso existencial, tiene el peso de sus años –de una vida que en sí misma es una obra–, tiene el peso de los hombres que a través de muchos siglos se han venido planteando y respondiendo las preguntas esenciales.

Cuando habla, la palabra mar parece trasladar, hasta esa casa grande y silenciosa del norte bogotano, la furia inocente de las olas. La palabra vida es un milagro cotidiano y milenario y Dios es un vocablo que estremece cada célula, un misterio que él frecuenta en su vida y sus poemas.

* * *

Como siente que ya ha hablado demasiado, Gustavo Ibarra Merlano pregunta por los poetas de Cartagena. A pesar de que dejó su ciudad hace cuarenta y cinco años, añora su mar, vuelve a ella frecuentemente y está pendiente de sus poetas.

Sorprende el conocimiento que tiene de la poesía que se hace actualmente en la ciudad. Elogia a algunos, dice lo que siente que les falta a otros, y concluye que la mejor poesía que se está haciendo en Colombia se está haciendo en el Caribe.

En ese momento se abre la puerta de la biblioteca y entra una mujer de dulzura transparente. Es Josefina, su esposa, que saluda con efusividad.

Josefina habla de sus hijos y sus nietos con un amor profundo, intenta disolver la preocupación de su esposo por la enfermedad que la aqueja, se interesa por la vida de quien los visita, por su vida espiritual.

Habla de Dios, de la inteligencia, de la importancia de la oración.

La charla con Josefina deriva hacia los muertos. Hacia una hija de ambos que murió hace unos años, hacia el padre de Gustavo, que murió al recibir la comunión.

"Qué muerte tan bella", dice Josefina, una mujer que refleja la alegría y la espiritualidad de su familia.

"Me dolió mucho la muerte de mi padre. Pensaba en él constantemente", dice Gustavo. Muestra las fotos que ocupan los estantes de su biblioteca. "A mí me gusta estar con mis muertos porque los muertos lo vigilan a uno, viven pendientes de uno, más de lo que uno cree".

Gustavo y Josefina se miran a los ojos con ternura, tienden un puente silencioso y consistente. El tiempo ha pasado y sigue pasando sin hacer mella en ese vínculo dispuesto a resistir hasta la prueba de la muerte.

Pero él recuerda que alguien más está en la biblioteca y le dice a Josefina lo mucho que le alegra la visita de alguien de Cartagena.

Recuerda que a comienzos de los años cuarenta hubo en la ciudad un grupo de poetas que se llamó la generación de El Fígaro.

"Yo regresé a Cartagena en el 42, después de mis estudios en la Normal Superior. Todo ese tiempo, entre el 42 y el 48 –cuando se formó el grupo con García Márquez–, fue vivido con Jorge Artel y con Héctor Rojas Herazo. La generación del Fígaro fue propiciada por Eduardo Lemaitre y Alfredo Araújo. Alrededor de ese periódico hubo un núcleo de poetas de los cuáles hacían parte Artel, José Nieto, Jaime Gómez O'Byrne, Ramón de Zubiría y un historiador que murió muy joven, llamado Antonio del Real Torres.

"En El Fígaro, impulsado por Artel, publiqué mis primeros poemas".

* * *

Josefina acompaña la charla por un rato. Finalmente se despide, después de obtener del periodista la promesa de volver a visitarlos.

También en ella, como en él, cada gesto y palabra están cargados de un sentido profundo.

"Mi primer libro, *Hojas de tarja,* sólo lo vine a publicar hace once años, cuando Ernesto Volkening –un profesor alemán que influyó mucho sobre García Márquez y Mutis y es quien tiene los mejores ensayos sobre la obra de Gabo– me impulsó a hacerlo.

"He sido un poeta que ha publicado a la fuerza. Cuando Ernesto me dijo que los publicara, les hice copias en computador y me los llevé a Atenas con la esperanza de editarlos allá.

"Cada poeta tiene su polo. Unos tienen a Francia o España. Yo giraba en torno a Atenas y, cuando estuve allá, me dije: 'O publico esto aquí o no lo publico nunca'".

* * *

"En Atenas pasa una cosa muy curiosa, cuando llegas sufres una transmutación.

"El cielo, los monumentos, la compañía de los poetas, producen una impresión que yo más nunca en mi vida he sentido. Te da un impulso creativo extraordinario. Parece que sufrieras una metamorfosis.

"Cuando llegué, toda esa vaina de quince años de expectativa se desbordó. Sentí que en mí había una hemorragia. La pensión mía quedaba a siete cuadras de la Acrópolis. Estuve cuatro meses exclusivamente en Atenas pues me dije: 'No salgo de aquí hasta que no conozca esta vaina bien'.

"Allá escribí *Lápida*. Lo escribí en una noche. Tiene meditaciones sobre la muerte que valen la pena.

"También escribí *Epigramas de la sala oscura* que es un libro sobre artistas de cine, sobre cosas viejas, sobre Greta Garbo, Charles Chaplin, Humprey Bogart, los clásicos. El cine me dio mucho, para mí fue la universidad.

"Atenas es un delirio. Cuando llegué, una de las cosas que más me impresionaron fue que en todos los camiones apareciera escrita la palabra 'metáfora'. Después supe que eran camiones de trasteos y, en cierta forma, las metáforas son eso.

"En esos cuatro meses tuve la fortuna de conocer a Kletty Barajas, la traductora de García Márquez al griego moderno. Es una gran dama de la inteligencia. Apenas traté con ella sucedió algo muy simpático, lo primero que me dijo fue: 'Gustavo, dígame una cosa, cuál es la diferencia entre burundanga y mananguango'. ¿Tú te imaginas en Atenas, al lado de las ruinas griegas, preguntando esa vaina?

"Con ella tuve acceso a algunos círculos de poesía.

"Otra de las dichas mías son los presocráticos. Allí conocí a una colombiana que hacía una especialización en literatura griega y preparaba un estudio sobre la ironía en Parménides. Sostuvimos una conversación de cuatro horas sobre Parménides. Fue un episodio casi onírico. Se formó un trepaquesube en el que se sacaban chispas.

"En Atenas llegué incluso a dictar una conferencia sobre los presocráticos. Me dije: 'Ninguno, carajo, me quita a mí la palabra'. Mi tesis era que los griegos estaban tan perdidos como nosotros. Ellos no conocen los presocráticos –hay que traducirlos al griego contemporáneo– y nosotros no conocemos a los precolombinos.

"Los atenienses son amplios, acogedores, habladores y curiosos. Conservan la misma curiosidad que los hizo inquirir sobre el mundo y sobre el ser.

"Me vine porque me molestaba el frío del invierno que comenzaba, me tuve que venir. Me quedé hasta el último instante que pude resistir la cosa pulmonar, en ese momento me vine.

Muchas cosas cambiaron con ese viaje a Grecia. En su maleta de poesía, Gustavo Ibarra Merlano trajo la primera edición de su libro 'Hojas de tarja', trajo cientos de experiencia imborrables, trajo la traducción y edición que dos mujeres hicieron del poema bizantino de alabanza a la virgen *Himno Akathistos* –uno de los poemas más bellos jamás escritos– trajo una nueva juventud y trajo la mejor definición de sí mismo que le han dado.

Varias veces, en sus caminatas por Atenas, Gustavo Ibarra Merlano pasó por un lugar donde unos hombres trabajaban con planchas de vapor. Cada vez que pasaba por allí, uno de los hombres suspendía su trabajo, lo miraba y le decía a una mujer que tenía cerca: "Es un ser bello, un hombre bueno", justamente lo que es, o ha tratado de ser a lo largo de su vida, ese hombre de profundas y secretas resonancias que recuerda, que se mueve y que se muestra sin dobleces dentro de su biblioteca, haciéndonos sentir el raro peso de lo eterno, en una charla inabarcable y prodigiosa que no deja de ocurrir en la memoria.

Suplemento *Dominical. El Universal*
Diciembre 11 de 1994

PEDAZOS DE ETERNIDAD

Uno

Para entendernos desde el principio, a menos de una hora de Cartagena fueron hallados restos de cerámica requeteprecolombina que fue hecha por unos seres difíciles de imaginar, hace un poco más de cinco mil años, cinco mil cuatrocientos para ser exactos.

La cifra anterior ha sido ratificada gracias a una exquisitez de la ciencia llamada el C-14, que toma su nombre de la partícula más comunicativa en los objetos y restos de seres, que nos dice hace cuánto aparecieron y tuvieron vida útil esos objetos y seres.

Cinco mil años. ¿Alguien tiene idea de lo que son cinco mil años? Un año más otro año más otro año más otro año más otro año más otro año… y así, hasta cinco mil.

Pero tal vez el anterior juego de palabras no sea suficiente para que nos hagamos una idea del asunto. Tal vez mencionando sucesos históricos.

El tiempo que nos separa de la construcción de las murallas de Cartagena más antiguas habría que multiplicarlo por trece.

Sigamos bajando. Cristo está mil trescientos años más lejos de esas cerámicas que de nosotros.

Cuando Sócrates dijo que nada sabía, hacía más de tres mil años que habían sido elaboradas esas vasijas y microvasijas, esos aparentes platos.

La primera epopeya que se conoce es la de Gilgamesh, que fue redactada o compilada dos mil años antes de Cristo. Nuestras cerámicas, para ese entonces, ya eran muy viejas.

De atrás sabemos poco. Mientras hoy en un periódico recibimos miles de noticias de lo que sucedió en un día. Hacia atrás, se pueden contar con los dedos de una mano las que tenemos de un milenio.

¿Podremos entender algún día lo que son cinco mil años?

"Cinco mil años, en la historia humana, no es nada", dice Thierry Legros, el director de la investigación que ha dado como resultado los hallazgos cerca de Puerto Badel. "Los restos humanos más antiguos que se conocen son los de Lucy y tienen varios millones de años, esa sí era una abuelita –la pusieron Lucy en honor a una canción de los Beatles titulada "Lucy in the Sky of Diamonds"–. Pero los últimos cinco mil años son fundamentales, se produjo la aceleración de la historia y se dieron los cambios de sociedad. Me siento bastante cercano a ellos".

Muy cerca de aquí

–Tenían, eventualmente, una cultura material con menos cosas, pero eran bastante espirituales. Por este sencillo hecho, estaban mucho mejor que nosotros– dice Thierry Legros con una extraña mezcla de costeño y de francés. Conduce una camioneta Chevrolet Trooper y mira hacia la carretera de El Bosque, en Cartagena. Es sábado muy de mañana, y la luz del día hay que aprovecharla. Es rubio, barba y cabello cortos, ojos verdes con algo de amarillo o de café. Podrían calculársele unos 35 años, pero con los arqueólogos nunca se sabe.

Después de seis años de excavaciones intermitentes en el mismo lugar, a veces largo tiempo paralizadas por falta de patrocinio, él y su grupo se han decidido a dar a conocer a un público más amplio su descubrimiento.

Necesitan difusión para seguir el trabajo, pero esto a la vez es un riesgo. Una noticia como esa puede atraer muchos curiosos y despertar la codicia de algunos.

La investigación de Legros y su equipo se complementa con la de Augusto Oyuela, en San Jacinto. Hay una diferencia de cerca de seis siglos entre ambas. Legros aclara que son más antiguas las cerámicas de San Jacinto, pues son como del cuatro mil antes de Cristo. Precisa que la noticia difundida inicialmente, acerca de que la hallada por él era más antigua, fue sensacionalismo de los periodistas, pero que en ningún momento se ha querido competir con esos hallazgos.

Es posible que las cerámicas encontradas en ambos lugares pertenezcan a un mismo grupo y, de hecho, son las más antiguas que se conocen en América. Para la época en que fueron hechas, en otras partes del continente no pasaba mayor cosa, los hombres seguían labrando piedras y encendiendo hogueras.

Lo cierto es que ambos hallazgos nos dicen que en ese milenio (del 3 al 4 mil antes de Cristo), muy cerca de aquí, pero en un planeta de aspecto distinto, se produjo el primer proceso industrial del continente. El hombre empezó a parecerse más al hombre.

Llanuras del Caribe

Por la carretera de Mamonal, el vehículo toma el desvío hacia Puerto Badel. Dos señoras le piden que las lleve hasta el pueblo.

Legros cuenta que durante casi todo el año 87 recorrió a pie esa región.

Llegó a Colombia por primera vez hace cerca de once años para trabajar en la Sierra Nevada de Santa Marta, pero pronto se interesó en civilizaciones más antiguas. "Menos industriales".

Por los trabajos realizados por Reichel Dolmatoff, en Monzú y Puerto Hormiga, hace casi treinta años, quiso continuar la línea investigativa sobre el período "Formativo Temprano".

Después de trabajar en la Sierra Nevada, había regresado a Francia y permanecido allí cerca de tres años, esperando a que le aprobaran un proyecto al que había denominado "Llanuras del Caribe". Pero el tiempo pasaba y la aprobación tardaba. Pensó que nunca más volvería a Colombia y eso lo deprimía. Sabía que el proyecto era válido y estaba bien formulado.

"Cuando por fin me lo aceptaron recuerdo que casi me ahogo de la rasca".

En el 87, recorrió a pie amplias zonas de El Plato, Zambrano, parte del río Magdalena, las ciénagas y las partes altas de la región.

"Del día del descubrimiento recuerdo el calor. Estábamos Hernando Maldonado, que actualmente es el subdirector de la investigación: Camilo Rodríguez, otro arqueólogo que estuvo con nosotros al comienzo; un estudiante de la Universidad Nacional y yo.

"La navaja con que trabajamos ardía de calor, pero el calor se apagó cuando encontramos el conchal".

"Esa fue la primera emocionada de verdad. Después de caminar más de 6 meses la zona, con las finanzas acabándose y la angustia, empezó a salir cerámica con desgrasante de fibra".

Una de las características de las cerámicas del período Formativo Temprano es la utilización de fibras vegetales como desgrasante. El desgrasante es el elemento que absorbe el agua y le da consistencia al barro para producir la cerámica.

"Este primer pedacito que encontramos era más de cinco años de reto. Todo eso tardó el proyecto para financiarse en Francia".

El día del hallazgo celebraron con ron en Puerto Badel, pero el cansancio y las ganas de seguir trabajando pudieron más que el deseo de celebrar. Durante los dos días siguientes excavaron con ritmo frenético y tomaron las muestras necesarias para obtener informaciones más precisas en los laboratorios.

El patrimonio

En la entrada a Puerto Badel las dos señoras descienden agradecidas. Thierry Legros recuerda que él y Maldonado darán una charla en el pueblo para mostrarle a la gente lo importante que es para ellos este hallazgo y para que se sientan responsables de su cuidado.

Dice que una de las razones por las que ahora es necesario para ellos que la prensa los divulgue, es para que se asuman responsabilidades frente a lo encontrado.

Su idea es promover la creación de un museo arqueológico que a la vez sirva de centro de estudio para especialistas en el tema.

Cartagena se beneficiaría con un atractivo más para el turismo internacional, para el que temas como éste son de importancia, y haría méritos para estar a la altura de su título de Patrimonio Histórico.

Una vieja sonrisa

El centro de operaciones está en la estación de bombeo de Dolores, pocos minutos después de Puerto Badel. Hernando Maldonado y el equipo de trabajo esperaban la llegada de Legros para iniciar la marcha. Son quince minutos a través de un terreno al que dos aguaceros le han dejado una vegetación abundante.

El grupo arranca, pero el arqueólogo se retrasa porque tiene algo importante que mostrarnos.

De una cajita que ha tratado con mucho cuidado durante el viaje, saca un trapo blanco, lo desenvuelve solemnemente y pone ante nuestros ojos una sonrisa de cinco mil años.

Es una figura indescifrable, como una especie de dios burlón, un ser de ojos o mejillas hinchadas que sonríe. Un pedazo de sueño moldeado que se ríe de lo poco que sabemos de ese abismo conocido comúnmente con el nombre de pasado.

Frente a ese objeto se siente el vértigo de lo inabarcable. Los dedos que dieron forma a esa figura son más leves que un sueño olvidado; sin embargo, ahí están, perpetuados en su obra, cobrando su anónima cuota de inmortalidad.

La excavación

En la estación de bombeo de Dolores les han prestado unos cuartos y una cocina pequeña. En ella tienen varios cedazos en los que ponen a secar, después de haberlos lavado, los trozos de cerámicas, hueso, piedras y carbón, que salen de la excavación.

Desde ese lugar empiezan los tanteos para tratar de reconstruir algunas piezas. La mayoría de los fragmentos son muy pequeños, centenares de enigmas que se nos proponen. Algunos son lisos o con huellas de la fibra utilizada como desgrasante; otros, unos pocos, tienen puntos y líneas, poseen raras formas de animales o de seres extraños.

En el camino hacia la excavación es posible ver en el suelo partes de cerámicas recientes (del siglo XVI aproximadamente), o piedras talladas del paleolítico, pero Thierry Legros vuelve y las deja en su lugar.

En la excavación, bajo dos enormes carpas, hay dos cuadrados de 6 metros de lado que tienen casi un metro de profundidad. En uno de ellos varios jóvenes trabajan removiendo la tierra con palustre y bisturí, apartando conchas de ostras o caracuchas y guardando en bolsas los pedazos de cerámicas.

Al sol, un joven empieza a remover la superficie en otro cuadrado, delimitado con hilos blancos, que tiene la misma extensión de los anteriores. En unos días tendrá la profundidad de los que se encuentran bajo las carpas.

Ese día de sol es especialmente pesado. En el comedor, un techo de paja bajo el que hay una larga mesa y una banca de guadua, Legros empieza a hablar del grupo.

"Hernando Maldonado, 'Nani', es el que tiene barba. Está desde el comienzo. Hacía sus prácticas de antropología en el 87 y ahora está también al frente del proyecto.

"El que está al sol es de Barranquilla. Se llama Lázaro, estudió Ciencias Sociales. Lo que le gusta es la arqueología, pero en ninguna universidad de la costa existe esa carrera".

Una joven de tez clara y cabello largo remueve conchas bajo la carpa. "Felipe es otro estudiante de Antropología. Vino de Bogotá hace una semana. Está haciendo su período de prácticas y en este trabajo se especializa en material lítico".

Los demás, Peyo, Luis, Rodolfo, Juancho, José Ignacio y Alfredo, son jóvenes de la región, de Rocha y Puerto Badel. Legros dice satisfecho que a través de ellos el pueblo se ha hecho consciente de la importancia del hallazgo y, especialmente, de que les pertenece.

Luis llegó desde cuando se hicieron las primeras excavaciones en el 87. Tenía 13 años. Pidió permiso para verlos trabajar y se fue quedando con ellos. Pronto estaba ayudando a remover el conchal y asomando a la luz centenares de pedazos de cerámica.

Los formativos (I)

Después del primer hallazgo, en el 87, se hicieron nuevas campañas en el lugar, en 1988 y 1989, que duraron de dos a tres meses. En el 90, Legros regresó pero no hubo excavaciones y sólo tomó unas muestras de suelo, de fauna y polen. Desde el 5 de mayo pasado se realiza una nueva campaña.

Hasta mediados de julio seguirán abriéndose paso lentamente en la tierra, sacando toda la información posible para saber quiénes eran esos seres que habitaron estas tierras hace tanto, qué pensaban, cómo vivían, a qué le temían y de qué se reían.

"Lo de la cerámica no es lo más importante. La cerámica es como una ventanita a través de la que podemos asomarnos. También nos interesan las huellas de postes para tener idea de la forma de las casas, para saber cómo repartían el espacio para comer y para dormir.

"Hasta el momento no hemos encontrado restos humanos, pero sería muy importante. Cualquier pobre tipo que hayan tirado a la basura. Necesito huesos para saber de su estatura, de su fisonomía y tratar de deducir algo de su dieta.

"No sabemos si son agricultores. Sólo hay indicaciones de la carne que comían: Conchas, pescado, manatí y caimán.

"Sería bueno encontrar una tumba para saber cómo entierran a sus muertos, en qué posición, cuál es el ajuar funerario. Con las tumbas se puede saber del estado de salud y de civilización.

"Una de las cosas que más nos intrigaba al comienzo era por qué se encontraban estas acumulaciones de conchas tan lejos del mar. Pensamos que no sería práctico cargarlas desde tan lejos y así llegamos a la respuesta.

"En aquella época, el mar se encontraba 10 kilómetros más adentro que ahora, o sea 5 metros más alto, como consecuencia del descongelamiento de los polos, ya que la tierra en esa época era más caliente. Unos estudios por satélite permitieron comprobar ese hecho. Hace cinco mil años, este paraje perdido entre colinas leves y manglares dulces era una zona costera.

"Podemos inferir que sólo permanecían en el lugar unos meses al año. Que probablemente venían del interior. No eran pescadores, pero estando acá se dedicaban a eso. Es posible que ni siquiera supieran nadar. Por lo elaborado de algunas cerámicas, podemos deducir que ya tenían especialización del trabajo, algunos de ellos se dedicaban sólo a hacer cerámicas.

Lejos

Durante todo el día se cumple el meticuloso trabajo de remover poco a poco la tierra y extraerle su misterio.

A veces bromean, se hacen chistes sobre los de Rocha y los de Puerto Badel. Thierry participa de las bromas y es divertido oírle decir: "Juepucha, mano" con acento francés".

A veces hablan del cacique. A pesar de que no lo han encontrado y tal vez nunca lo encuentren, el cacique es para ellos como un viejo conocido. Dicen en broma que se les va a aparecer, que les dirá muchas cosas sobre los formativos. Todos los días le ponen un nombre distinto: Turún Turún, Churupipí, y riendo y hablando se olvida el cansancio.

Otras veces es tanta la concentración en el trabajo que no se escuchan cuando se hablan. Hay algo de inusual devoción en ese rasguñar la tierra para fines tan insólitos, en esa minúscula tortura que se le inflige a la piel del planeta para que confiese su pasado.

Algunos tratan de imaginar los seres que están del otro lado de los objetos hallados. Otros, simplemente trabajan como autómatas, con las mentes borradas por el calor, por la sed, por la fatiga acumulada. A veces parecen más primarios que los dueños de los objetos que están sacando.

Thierry le pide a Lázaro que le devuelva su palustre. Ha hurgado en muchos sitios distantes de la tierra, está ya bastante desgastado y le dolería menos partirlo él mismo.

Al mediodía, consciente de su importancia, llega Manuela con el almuerzo.

Hay en ese momento un regreso a esta realidad. Se habla de la multiplicación de los panes y del vino. El estudiante de Bogotá recuerda a su madre. Se habla del calor y de la sed, de lo rápido que se está acabando el agua, de la sutil tortura del aviso de gaseosa sobre las carpas, del enojo de Luis porque Thierry le ha dicho amablemente que no hizo algo bien.

Luego, casi todos van a bañarse a Puerto Chacho, un paraje desierto unos metros más abajo, donde quedaba el mar. En ese manglar aún hay anguilas y manatíes, en ese manglar aún hay manglar.

En el camino hacia Puerto Chacho hay algo bastante curioso. Las últimas lluvias de mayo han dejado al descubierto basura del siglo XVIII.

Por entre esos restos de botellas o de pipas de viejos españoles, ha pasado con relativa indiferencia el grupo de los arqueólogos.

¿Qué son trescientos años?

Pero son algo, no deja de ser interesante saber que allí dejaron los españoles sus platos rotos.

El resto de la tarde trabajan en silencio, llevando el pensamiento a lugares más profundos. Y el canto de los grillos sube y baja en oleadas, se mueve entre el silencio y un estruendo incomprensible, dialoga con los chillidos de los micos. Y lagartijas descendientes de aquellas que conocieron a los dueños de esos tiestos observan curiosas y recelosas a los excavadores.

Dos

Ahora es lunes, estamos en el CIOH (Centro de Investigaciones Oceanográficas e Hidrográficas), de la Escuela Naval.

Los trabajos de excavación se hacen de martes a sábado. Los domingos el grupo se toma un descanso, que ya empieza a resultar insuficiente, y los lunes son de trabajo de laboratorio.

En el CIOH, les han prestado un espacio en el Laboratorio de Especies Náufragas. Eso, y las dos carpas de la excavación, que les prestó Coca–Cola, ("Por favor, dígalo", insiste Thierry agradecido), son la única ayuda que han recibido hasta el momento de Cartagena.

Este lunes 7 de junio es un día de fiesta, al menos para Thierry, Maldonado, y los estudiantes que los acompañan (sólo faltan los muchachos de Rocha y Puerto Badel). Por primera vez despliegan en un lugar amplio todos los pedazos de cerámica que han extraído en ese sitio desde el 87.

Con ellos dispuestos en largos mesones empieza un paso decisivo de la investigación: tratar de reconstruir lo más completos posibles los utensilios hallados. Cuando la excavación termine, a mediados de julio, se encerrarán por lo menos tres meses en el laboratorio a clasificar y tratar de dar orden a ese infinito rompecabezas y a empezar a elaborar un informe.

Para ello se valen de técnicas arqueológicas como la de tener claramente establecido en qué sector del terreno, y a qué profundidad fue hallado cada fragmento.

Eso permite que las posibilidades de reconstruir piezas, por la cercanía de los fragmentos, sean mayores.

Otros recursos permiten seguir visualizando el terreno en el laboratorio y seguir conjeturando. De cada nueva capa se hace un mapa preciso y se toman fotografías.

"En arqueología, cada capa que uno encuentra es como la página de un libro. La diferencia es que, para leer otra, hay que destruir la anterior. Por eso hay que tratar de dejar testimonio de ella".

El sueño de Nani

Hernando Maldonado ('Nani') habla poco, pero es amable. En el laboratorio no oculta satisfacción por el comienzo de una nueva etapa.

Desde la excavación se ha visto que le gusta más trabajar que hablar. Comparte, sin decirlo, la idea de Thierry de que poco se aprende de arqueología en las universidades, que se aprende con el palustre en la mano.

"En América la presencia del hombre se calcula en el 30 mil antes de Cristo, aproximadamente".

Dice que, aunque la cerámica apareció más tarde en América que en Asia o Europa, eso no es argumento para insistir en que somos atrasados. Sólo que aquí se dio un proceso de evolución naturalista y eso no es necesariamente negativo.

"Nos interesa plantear que las cerámicas, independientes de las fechas, ayudan a determinar en qué situación evolutiva se encuentra el hombre".

Ahora, con gafas y lejos de la excavación, empieza a ser posible que ese hombre silencioso, que tomaba medidas e indicaba, también sea un científico.

Dice que habrá que confrontar con los hallazgos de Oyuela, que habrá que discutir y, si es necesario, pelear para que haya un debate científico que dé luz sobre esa época y ese grupo que parece ser uno sólo.

"Son muchas preguntas. Pero a medida que avanzamos nos encaminamos mejor. ¿Tienen jefes? ¿Hay división social del trabajo? ¿Machismo o feminismo? ¿Tienen dioses o no? ¿El poder lo ejercen aniquilando o con castigos severos? ¿Cómo es la transmisión del saber? La cerámica es la posibilidad de pensar en todo eso".

En medio de esos interrogantes, Maldonado tuvo una vez un sueño con los "formativos".

"Un día teníamos bastante material cerámico y necesitábamos pensar cómo vivían. En el sueño salimos en el jeep, estábamos cerca de Bogotá y le dije a Thierry: 'No seamos güevones, preguntémosle a los formativos'.

"Y ahí estaban, en el carro, los formativos. Eran un señor, una señora y una niña. Estaban sentados, serios y callados, la niña al lado de la señora".

Pero cuando Nani iba a preguntarles, una balacera distrajo su atención. Ahora el sueño era una violenta escena de calle al lado del carro. Un asalto. Dos personas murieron acribilladas.

El mundo moderno, con su violencia, no dejó hacerle preguntas a los formativos.

Los formativos (II)

Lázaro, Felipe y Marta (una estudiante bogotana que se incorporó al grupo el día anterior y se especializa en restos de huesos), se quedan en el laboratorio distribuyendo sobre los mesones los pedazos de cerámica, de acuerdo con el sector de la excavación del que fueron extraídos.

Al lado de una cancha del CIOH, Thierry Legros y Hernando Maldonado intentan darnos una idea de los formativos.

Están contentos porque la noche anterior Thierry logró hacer coincidir dos piezas y la figura que encontraron los deslumbró: unos dedos en torno a un seno. Ese hallazgo les abre más puertas para entender la complejidad de estos seres.

"El reflejo que nos llega es mínimo, pero es lo que podemos tener. Faltan infinidad de cosas, faltan los tejidos, falta la madera, falta la cestería, no hay ni un solo rito. Muestran una industria lítica burda.

"Sobre las cerámicas se puede inferir, pero no se puede cuantificar. En estas de Puerto Badel ya hay acabado. No están dueños completamente del proceso de cocción, pero poseen varias técnicas, por lo que se supone que lo sabían desde un lapso importante de tiempo.

"Cuando se habla de épocas antiguas, aunque el 5 mil antes de Cristo no es muy antiguo, hay tendencia a imaginarse a los hombres como seres salvajes y luchando denodadamente por sobrevivir. Eso es falso. Estaban más organizados de lo que pensamos. Tenían abundancia y conocimiento de recursos. Tenían mucho tiempo libre. Hay un libro sobre el tema que se llama *Edad de piedra, edad de abundancia*. Ellos estaban frescos jugando naipes. Recogían en dos horas lo que necesitaban para el día. Eran mucho más civilizados de lo que creíamos.

"Sus vasijas tienen figuras raras, mezcla de animal y humano. Esto nos dice que tenían un mundo mitológico, probablemente varios dioses. Tenían complejidad. Los objetos, además de funcionales tenían connotaciones sagradas".

Thierry Legros

Maldonado debe salir de la Escuela Naval a buscar en Bazurto unos anjeos y unas escaleras.

Legros se queda hablando de su oficio y de sus sueños. Dice que la arqueología es un virus que cuando contagia a alguien le da una energía tremenda para seguir trabajando.

"Esto que para muchos no tiene relevancia, para mí tiene el peso de la historia. Por ética, no tengo ningún objeto arqueológico conmigo. Es una cosa de peso, segura. Le tengo mucho respeto a lo que excavo. Las piezas deben quedar en el lugar en que son halladas.

"Somos los intérpretes de esta gente que no puede hablar, tenemos la responsabilidad de no traicionarlos, de entenderlos, difundirlos y hacerlos respetar.

"Mirando sus cerámicas, es posible suponer que aquellos seres pudieron imaginar la trascendencia que tendrían sus objetos. Al plasmar figuración simbólica no lo hacían en vano. Hay un pedazo de eternidad en eso y el que lo hace lo sabe.

"En mi caso, saber que una pieza que uno salvó se podrá exponer dentro de unos siglos, esa es mi parte de eternidad".

Legros dice que la investigación necesita la vinculación de especialistas en muchas áreas: Zooarqueología, botánica, palinólogos (especializados en el paisaje florístico), y que eso sólo será posible creando en Cartagena un Museo, un Centro de Investigaciones en varias disciplinas, y haciendo promociones con folletos y revistas.

Recuerda que la investigación se ha hecho gracias a la Embajada de Francia, el Instituto Francés de Estudios Andinos, el Instituto Colombiano de Antropología y que él, a su vez, trabaja para el Centre Nationale de la Recherche Scientifique.

Habla de la mística que necesita el oficio de arqueólogo, de esa entrega en la que a veces ni se duerme, de la prodigiosa expansión de la memoria que les permite recordar un borde de cerámica visto mucho antes y que empalma perfectamente con otro que están mirando.

Habla de su palustre, ese viejo amigo que ya es tan de él como su mano y que ha hurgado la tierra en Tailandia, Siria, el sur de Europa, México y ahora en las llanuras del Caribe de Colombia.

Dice que se ha leído más de diez veces *Cien años de soledad* y que cuando encontró el conchal de Puerto Badel y pensó que el mar se había retirado unos kilómetros, recordó la imagen del barco encallado tierra adentro.

Habla de sus otras pasiones: la música y el mar. Recuerda sus viajes en velero cuando niño con su padre, en el Mediterráneo, y concluye con voz segura: "El día en que yo diga: 'me mamé de este cuento', me monto en un velero y me largo a navegar".

El viaje

Al caer la noche de ese lunes dejamos la cancha y regresamos al laboratorio. Ya los estudiantes han ocupado dos inmensos mesones con pedazos de cerámica, separándolos en grupos, con cinta de enmascarar, y con su procedencia (capa y nivel) debidamente identificada.

Ya 'Nani' ha regresado de Bazurto. Quedan pocas personas en las instalaciones del CIOH. El grupo trabaja hipnotizado por los pedazos. Nadie sabe cuántos son. Podrían calcularse entre cinco y diez mil.

Mientras colocan las cerámicas, huesos y piedras, en las áreas delimitadas con cinta, logran hacer coincidir varios pedazos que ya empiezan a ser jarrón o batea. Están cansados, pero no son capaces de detenerse, aunque al día siguiente tendrán que madrugar a seguir excavando.

A través de los ventanales del laboratorio se ve la bahía, a pocos metros y, más allá del brillo y la negrura de las aguas, las luces de la ciudad.

Maldonado trabaja casi en silencio. Thierry, inspirado por ese despliegue de fragmentos, se sube al mesón y dice que uno de los sueños de su infancia fue trabajar en un lugar así, amplio, de edificios blancos y al lado del mar.

Dice que lo mejor de todo es lo que significan esas cerámicas en una sede militar, que son como un símbolo de paz.

Y las cerámicas sonríen, tímidas y confiadas, y siguen en su viaje por la eternidad.

Suplemento *Dominical. El Universal.*
Junio 20 de 1993

Ediciones *El pozo*
Oneonta– New York

48863938R00143

Made in the USA
San Bernardino, CA
06 May 2017